Kohlhammer

Fallbuch Pädagogik

Herausgegeben von Armin Castello

Eine Übersicht aller lieferbaren und im Buchhandel angekündigten Bände der Reihe finden Sie unter:

 https://shop.kohlhammer.de/fallbuch-paedagogik.html

Die Autorin, die Autoren

Dr. Armin Castello ist Professor für Sonderpädagogik, Psychologie und Diagnostik am Institut für Sonderpädagogik der Europa-Universität Flensburg.

Dipl.-Psych. Friederike Grabowski ist wissenschaftliche Mitarbeiterin am Institut für Sonderpädagogik der Europa-Universität Flensburg

Dr. Gunnar Brodersen ist akademischer Rat am Institut für Sonderpädagogik der Europa-Universität Flensburg.

Armin Castello,
Friederike Grabowski,
Gunnar Brodersen

Depressivität im Schulalter

Fachlich fundiert pädagogisch handeln

Verlag W. Kohlhammer

Dieses Werk einschließlich aller seiner Teile ist urheberrechtlich geschützt. Jede Verwendung außerhalb der engen Grenzen des Urheberrechts ist ohne Zustimmung des Verlags unzulässig und strafbar. Das gilt insbesondere für Vervielfältigungen, Übersetzungen, Mikroverfilmungen und für die Einspeicherung und Verarbeitung in elektronischen Systemen.

Die Wiedergabe von Warenbezeichnungen, Handelsnamen und sonstigen Kennzeichen in diesem Buch berechtigt nicht zu der Annahme, dass diese von jedermann frei benutzt werden dürfen. Vielmehr kann es sich auch dann um eingetragene Warenzeichen oder sonstige geschützte Kennzeichen handeln, wenn sie nicht eigens als solche gekennzeichnet sind.

Es konnten nicht alle Rechtsinhaber von Abbildungen ermittelt werden. Sollte dem Verlag gegenüber der Nachweis der Rechtsinhaberschaft geführt werden, wird das branchenübliche Honorar nachträglich gezahlt.

Dieses Werk enthält Hinweise/Links zu externen Websites Dritter, auf deren Inhalt der Verlag keinen Einfluss hat und die der Haftung der jeweiligen Seitenanbieter oder -betreiber unterliegen. Zum Zeitpunkt der Verlinkung wurden die externen Websites auf mögliche Rechtsverstöße überprüft und dabei keine Rechtsverletzung festgestellt. Ohne konkrete Hinweise auf eine solche Rechtsverletzung ist eine permanente inhaltliche Kontrolle der verlinkten Seiten nicht zumutbar. Sollten jedoch Rechtsverletzungen bekannt werden, werden die betroffenen externen Links soweit möglich unverzüglich entfernt.

1. Auflage 2024

Alle Rechte vorbehalten
© W. Kohlhammer GmbH, Stuttgart
Gesamtherstellung: W. Kohlhammer GmbH, Stuttgart

Print:
ISBN 978-3-17-043627-5

E-Book-Formate:
pdf: ISBN 978-3-17-043628-2
epub: ISBN 978-3-17-043629-9

Inhaltsverzeichnis

1	**Hintergrund**	**9**
1.1	Fallbuch Depressivität im Schulalter	9
1.2	Gesellschaftliches Umfeld	9
1.3	Depressivität im Schulumfeld	10
1.4	Schulische Ressourcen	10
1.5	Über dieses Fallbuch	11
2	**Pädagogisches Basiswissen**	**14**
2.1	Symptome	14
2.2	Formen	17
2.2.1	(Wiederkehrende) depressive Episode	17
2.2.2	Dysthymie	17
2.2.3	Anpassungsstörung mit Depression	18
2.2.4	Bipolare Störung	18
2.3	Häufigkeit und Verlauf	18
2.4	Risiko- und Schutzfaktoren	20
2.4.1	Risikofaktoren	20
2.4.2	Schutzfaktoren	22
2.5	Erklärungskonzepte	23
3	**Umgang mit Hinweisen auf eine depressive Entwicklung**	**25**
3.1	Bestandteile einer pädagogischen Dokumentation	26
3.2	Verhaltensbeobachtungen	28
3.3	Gespräche im Kollegium	32

3.4 Gesprächsangebot für Betroffene und Bezugspersonen 34

- 3.4.1 Kontaktaufnahme 34
- 3.4.2 Vorbereitung des Erstgesprächs 35
- 3.4.3 Grundlegendes für das Gespräch 35
- 3.4.4 Gesprächsablauf 36
- 3.4.5 Psychoedukation für Eltern oder Bezugspersonen 38
- 3.4.6 Gesprächsverhalten gegenüber der Schülerin bzw. dem Schüler 39
- 3.4.7 Psychoedukation für Schülerinnen und Schüler 40
- 3.4.8 Entscheidung für eine pädagogische Initiative 41

4 Pädagogische Initiativen 42

- 4.1 Bewältigung negativen Denkens 42
- 4.2 Aktivierung interner und externer Ressourcen 45

- 4.2.1 Interne und externe Ressourcen 45
- 4.2.2 Ressourcenaktivierung im Schulalltag 46

- 4.3 Stärkung von Self-Compassion/Selbstmitgefühl 47
- 4.4 Reduktion schulischer Belastungen 49

- 4.4.1 Nachteilsausgleich 50
- 4.4.2 Dysfunktionales Handeln im Kollegium 52
- 4.4.3 Leistungsrückmeldung 53
- 4.4.4 Reintegration nach Klinikaufenthalt 54

- 4.5 Schulentwicklung und kollegiale Kooperation 57
- 4.6 Bewältigung von Passivität und Rückzug 59

- 4.6.1 Umsetzung von Verhaltensaktivierung in der Schule 60
- 4.6.2 Stimmungsprotokoll als Grundlage 60
- 4.6.3 Aktivitätenplanung 62
- 4.6.4 Weitere Informationen zur Verhaltensaktivierung 63

Inhaltsverzeichnis

4.7	Umgang mit Verdacht auf Suizidalität	64
4.7.1	Hintergrund	64
4.7.2	Alarmsignale	65
4.7.3	Verhalten als Lehrkraft	67
4.7.4	Verhalten bei akuter Suizidalität	70
4.7.5	Verhalten als Schule	71
4.7.6	Kontaktadressen	71
4.8	Qualitätssicherung und evaluative Perspektive	72
5	**Fallbeispiele**	**75**
5.1	Fall Collin	75
5.1.1	Ausgangslage	75
5.1.2	Vorbereitung Gesprächsangebot und pädagogische Gespräche	77
5.1.3	Pädagogische Initiativen	81
5.1.4	Evaluation	86
5.2	Fall Amira	87
5.2.1	Ausgangslage	87
5.2.2	Vorbereitung	90
5.2.3	Pädagogische Initiativen	93
5.2.4	Evaluation	98
5.3	Fall Leon	99
5.3.1	Ausgangslage	99
5.3.2	Vorbereitung	103
5.3.3	Pädagogische Initiativen	106
5.3.4	Evaluation	111
5.4	Fall Zoé	111
5.4.1	Ausgangslage	112
5.4.2	Schulische Situation	113
5.4.3	Vorbereitung pädagogischer Initiativen	113

5.4.4	Umsetzung der pädagogischen Initiativen	120
5.4.5	Evaluation	123
5.5	Fall Sofia	123
5.5.1	Ausgangslage	123
5.5.2	Informationen zur Person und familiärer Hintergrund	124
5.5.3	Schulische Situation	125
5.5.4	Vorbereitung pädagogischer Initiativen	126
5.5.5	Umsetzung der pädagogischen Initiativen	131
5.5.6	Evaluation	133

6 Abschließende Betrachtung **135**

Anhang **137**

Pädagogische Dokumentation	137
Elterninformation: Depressive Entwicklung	138
Elterninformation: Depressive Entwicklung (leichte Sprache)	140
Information für Jugendliche: Wenn es mir nicht gut geht!	142
Information für das Kollegium: Depressive Entwicklung	144

Literatur **147**

1 Hintergrund

1.1 Fallbuch Depressivität im Schulalter

Die Initiative für ein pädagogisches Fallbuch zum Themenspektrum »Depressivität« entstand vor dem Hintergrund der Belastungen im gesellschaftlichen Umfeld von Kindern und Jugendlichen und schulisch bedeutsamen Auswirkungen depressiver Symptome mit dem Ziel der Aktivierung von schulischen Ressourcen.

1.2 Gesellschaftliches Umfeld

Ohne Zweifel sind die vergangenen Jahre geprägt durch multiple Krisen, die sich unmittelbar auch bei Kindern und Jugendlichen auswirken. Diese Belastungen treffen solche Schülerinnen und Schüler besonders schwer, die aufgrund sozialer oder familiärer Faktoren vorbelastet sind. Auch solche Kinder, die zusätzlich unter Entwicklungsrisiken leiden, sind z. b. durch den temporären Lockdown von Bildungseinrichtungen, durch soziale Verwerfungen und den zunehmenden Mangel an Lehrkräften in ihrer schulischen Entwicklung gefährdet.

Diese Kumulation von Risiken kann in der Kombination individueller Auslöser bei einigen Schülerinnen und Schülern zu einer depressiven Entwicklung beitragen. Der in Kapitel 2 (▶ Kap. 2) dargestellte Anstieg von belastenden depressiven Symptomen macht deutlich, dass depressive Symptome im Schulumfeld eine wachsende Rolle spielen. Gleichzeitig stagniert die psychotherapeutische Versorgung von Kindern und Jugendlichen in vielen Regionen Deutschlands auf einem Niveau, das zu langen Wartezeiten und Nicht-Versorgung beiträgt.

1.3 Depressivität im Schulumfeld

Lehrkräften begegnen depressive Symptome bei Kindern und Jugendlichen zunehmend häufig mit erheblichen Auswirkungen auf verschiedenen schulisch relevanten Ebenen. So trägt das mit Depressionen oft verbundene soziale Rückzugsverhalten zu Fehlzeiten bei, die wiederum eine negative Feedbackschleife aus Vermeidung, Lernrückständen und Depressivität perpetuiert. Depressive Symptome können sich als auffälliges Sozialverhalten, Beeinträchtigungen im Denken und motivationale Probleme manifestieren und haben insofern unmittelbare Auswirkungen auf schulisch bedeutsame Funktionen.

Viele Lehrkräfte wissen aufgrund ihrer Erfahrung, wie wirksam ihr pädagogisches Handeln sein kann, und handeln als erwachsene Bezugsperson gegenüber Heranwachsenden wertschätzend und integer. Sie haben zumeist die Stärken ihrer Schülerinnen und Schüler im Blick, gehen konstruktiv mit negativem Denken von Jugendlichen um und unterstützen sie dabei, sich ggf. Hilfe zu suchen. Bemerkenswert ist aber, dass ein evidenzorientierter pädagogischer Umgang mit Depressivität weiterhin nur selten Inhalt des Studiums oder Fortbildung für Lehrkräfte ist.

1.4 Schulische Ressourcen

Die Institution Schule kann als Schutzfaktor wirken, insbesondere wenn Wissen über pädagogische Handlungsmöglichkeiten vorliegt

und wirksame Schritte initiiert werden. Sie kann aber auch ein Risikofaktor sein, z. b. wenn pädagogisches Wissen fehlt, Stigmatisierung durch Gleichaltrige oder Erwachsene stattfindet oder dysfunktionales (z. B. beschämendes) pädagogisches Handeln gezeigt wird.
Die Koordination von pädagogischen Initiativen für Betroffene, u. a. das Zusammenfassen vorliegender Informationen, der Kontakt zu Bezugspersonen und das Erkennen von problematischen Verhaltensänderungen liegt zumeist in den Händen der Klassenlehrkraft. Bei einer Kontaktaufnahme zum Schulpsychologischen Dienst und expliziten Maßnahmen zur Unterstützung eines Kindes oder Jugendlichen ist die Schulleitung involviert. Mitarbeitende der Schulsozialarbeit und Beratungslehrkräfte werden jeweils hinzugezogen, d. h. die Organisation einer sinnvollen Arbeitsstruktur und Rollenklärung sowie ein pädagogisches Arbeitskonzept sind wichtige schulische Ressourcen.

1.5 Über dieses Fallbuch

Zielsetzung dieses Fallbuchs ist es, grundlegendes Wissen zu einer depressiven Entwicklung zusammenzufassen (▶ Kap. 3) und pädagogische Handlungsmöglichkeiten darzustellen (▶ Kap. 4), die bei Hinweisen auf eine depressive Entwicklung bei Schülerinnen und Schülern die pädagogische Arbeit ergänzen sollen.
Diese in Kapitel 5 (▶ Kap. 5) zusammengestellten Fallbeispiele zeigen ausgehend von Informationen über die Situation eines Kindes oder Jugendlichen hilfreiche Möglichkeiten für pädagogische Handlungsschritte:

- Collin ist 15 Jahre alt, zeigt erhebliche schulische Fehlzeiten, hat Aufmerksamkeits- und Konzentrationsprobleme und Konflikte in seiner Klasse und ist unglücklich verliebt. Collin hat extrem negatives Denken entwickelt mit einer Tendenz zum Grübeln und nachfolgenden Problemen beim Einschlafen. Außerdem kommt er mit dem neuen Lebenspartner seiner Mutter nicht zurecht. Für Collin wird durch die Schule psychoedukative Information angeboten und eine Verhaltensaktivierung geplant, die erreichen soll, dass er im Alltag mehr positive und seltener negative Erfahrungen machen kann. Bei Klassengesprächen werden verletzende Umgangsformen thematisiert und Collin erhält Unterstützung durch die Aktivierung sozialer Ressourcen und eine berufliche Perspektive.

- Amira ist 14 Jahre alt. Ihre Familie war ehemals kulturell und religiös in ihrer Heimat gut integriert. Sie hat nun, nach der sehr belastenden Zeit ihrer Flucht, kaum engere soziale Kontakte außerhalb der Familie und nimmt gegenüber ihren jüngeren Geschwistern eine Elternrolle ein. Im Alltag fehlt ihr die nötige Sprachpraxis. Amira macht sich große Sorgen um ihre Eltern, da ihre Mutter immer wieder depressive Phasen hat, auch wegen der Sorgen um ihren Ehemann, Amiras Vater. Amira wirkt oft traurig und ist emotional belastet. Sie wird dabei unterstützt, Kontakte mit Gleichaltrigen zu knüpfen, und im Rahmen eines externen Beratungsgesprächs mit Amiras Mutter soll familiäre Entlastung initiiert werden. Amira erhält zusätzliche schulische Unterstützung und strukturierende Arbeitshilfen.
- Leon ist 14 Jahre alt und zeigt Lern- und Verhaltensprobleme. Seine Eltern arbeiten viel in ihrer eigenen Gaststätte, wobei es im Kontext familiärer Alkoholprobleme Streit zuhause gibt. Leon erlebt Selbstzweifel, handelt gereizt und aggressiv, beteiligt sich nicht im Unterricht, ist oft müde und bedrückt. Unterstützung erhält er im Umgang mit Belastungen und durch einen gezielten Nachteilsausgleich. Es finden Klassenprojekte statt und er erhält externe Freizeitangebote.
- Zoé ist 9 Jahre alt und wirkt häufig müde, unkonzentriert und zerstreut. Ihr Vater leidet unter Diabetes und weiteren gesundheitlichen Beschwerden, außerdem hat die Familie finanzielle Schwierigkeiten. Sie hat nur wenige Freundinnen und Freunde, fehlt oft z. B. wegen Bauchschmerzen und macht sich Sorgen um

ihre Familie. Zoé wirkt oft niedergeschlagen. Im Elterngespräch soll erreicht werden, dass für Zoé die Sorgen um die Familie reduziert werden. Zudem sollen altersgemäße Aktivitäten ermöglicht und das Klassenklima durch Gruppenaktivitäten verbessert werden.
- Sofia besucht die 7. Klasse, wirkt oft niedergeschlagen, scheint sozial isoliert und erlebt durch Mitschülerinnen und Mitschüler Mobbing über WhatsApp. Sie entwickelt einen starken schulischen Leistungsabfall und Verlust an Interessen. Die Trennung ihrer Eltern stellt eine weitere Belastung dar. Im Gespräch mit Sofia zeigen sich Hinweise auf Suizidalität. Dargestellt werden das Gespräch mit Sofias Eltern, der Kontakt zum schulpsychologischen Dienst und Initiativen zum Umgang mit Cybermobbing.

Im Anhang des Fallbuchs findet sich eine Zusammenstellung der in den Fallbeispielen eingesetzten Materialien.

2 Pädagogisches Basiswissen

Stimmungsschwankungen gehören bei Kindern und Jugendlichen zum entwicklungstypischen Erleben dazu. Bei einigen sind Traurigkeit, Interessenlosigkeit und Reizbarkeit jedoch stark ausgeprägt, dauern über einen längeren Zeitraum an und beeinträchtigen die täglichen Aktivitäten erheblich. Begleitet werden diese Phänomene oft von weiteren Symptomen, die das Erleben und Verhalten der Betroffenen negativ beeinflussen und ihre sozialen Beziehungen belasten. Fällt dies auf, sollte eine depressive Entwicklung in Betracht gezogen und fachlich abgeklärt werden. Depressionen sind die häufigste psychische Störung im Kindes- und Jugendalter (Shorey et al., 2022) und haben weitreichende negative Folgen für die weitere Entwicklung (Clayborne et al., 2019). Es ist wichtig, dass Depressionen bei Kindern und Jugendlichen möglichst früh erkannt werden und die Betroffenen angemessene Hilfe erhalten, um den Leidensdruck zu mindern und ihre Heilungschancen zu verbessern.

2.1 Symptome

Depressionen zeigen sich bei Kindern und Jugendlichen sehr unterschiedlich. Es können kognitive, emotionale, soziale und körperliche Symptome gleichzeitig auftreten. Die *Kernsymptome* einer Depression sind:

- eine anhaltende, ausgeprägte Niedergeschlagenheit oder Traurigkeit; bei Kindern und Jugendlichen auch eine erhöhte Reizbarkeit,
- die eingeschränkte Fähigkeit, Freude, Lust und Interesse zu empfinden,

2.1 Symptome

- ein verminderter Antrieb, weniger Aktivität, leichtere Erschöpfung oder Müdigkeit.

Zudem treten in anderen Erlebens- und Verhaltensbereichen Auffälligkeiten auf.

Kognitiv ist das Denken oft beeinträchtigt, es können

- Probleme in der Aufmerksamkeit und Konzentration,
- eine eingeschränkte Merkfähigkeit,
- eine reduzierte Denkgeschwindigkeit,
- Entscheidungsprobleme
- und dysfunktionale Gedanken wie negative Gedanken über sich selbst, die eigene Umwelt und Zukunft sowie Suizidgedanken auftreten.

Emotional kann es neben den oben genannten auch zu folgenden Veränderungen kommen:

- Schuldgefühle,
- Gefühle der Wertlosigkeit,
- gereizte Grundstimmung,
- abgeflachte Mimik und Gestik.

Sozial kommt es häufig zu

- Rückzug aus dem Familien- und Freundeskreis und
- Gefühlen der Isolation und Einsamkeit.

Körperlich können

- unspezifische Schmerzen in Kopf, Bauch und anderen Körperregionen, die medizinisch ohne Befund bleiben,
- Veränderungen im Schlaf (Einschlaf- oder Durchschlafstörungen, vermehrtes Schlafen) und

- Veränderungen im Appetit (mehr oder weniger essen) auftreten. Dies kann zu Gewichtsabnahme oder -zunahme führen.

Im *Verhalten* wird vielfach

- eine erhöhte Teilnahmslosigkeit,
- Unruhe oder Verlangsamung,
- Reduktion an Körperspannung,
- Vermeiden von Blickkontakt,
- aggressives Verhalten (vor allem im Jugendalter) erlebt.

Für eine klinische Diagnose müssen zwei der drei Kernsymptome zusammen mit weiteren Symptomen über einen Zeitraum von mindestens zwei Wochen vorliegen (APA, 2015; WHO, 2019). Darüber hinaus müssen eine hohe subjektive Beeinträchtigung und ein Verlust an Lebensqualität gegeben sein. Obwohl die Diagnosekriterien im Kindes- und Jugendalter gleich denen im Erwachsenenalter sind, gibt es einige entwicklungstypische Besonderheiten. Zu diesen zählen neben Trennungsängsten (vor allem bei Kindern) auch Reizbarkeit und schlechte Stimmung sowie Gelangweiltsein. Zudem sind vermehrte somatische Beschwerden ein typisches depressives Anzeichen in dieser Altersgruppe. Insbesondere bei Jugendlichen ist auch das Auftreten von selbstverletzendem Verhalten und Selbstmedikation mit Depressionen assoziiert.

Auch gesunde Kinder und Jugendliche erleben, vor allem in der Pubertät, einzelne depressive Symptome. Aufmerksam werden sollte man, wenn die Symptome einen längeren Zeitraum ohne Normalisierung andauern, mehrere Symptome gleichzeitig auftreten und die Betroffenen in ihrem Erleben und Verhalten beeinträchtigt sind. Es ist jedoch wichtig zu beachten, dass häufig keine formelle Diagnose vorliegt, entweder weil sie noch nicht gestellt wurde oder weil die depressiven Symptome subklinisch sind und nicht alle Kriterien erfüllen. Doch auch in diesen Situationen können pädagogische Initiativen äußerst sinnvoll sein.

2.2 Formen

Die Vielzahl möglicher Symptome und die schwierige Abgrenzung zu alterstypischen Verhaltensweisen während der Pubertät kann die Erkennung und Diagnosestellung einer Depression erheblich erschweren. Zudem gibt es verschiedene Formen und Ausprägungen, teils mit fließenden Übergängen. Die vier wichtigsten Formen sollen im Folgenden kurz beschrieben werden.

2.2.1 (Wiederkehrende) depressive Episode

Die *depressive Episode* (auch Major Depression) ist die »typische« Depression, die in einzelnen oder wiederkehrenden Phasen auftritt. In diesen mindestens zweiwöchigen Phasen liegen mindestens zwei der Kernsymptome vor (Niedergeschlagenheit, Verlust an Interesse oder ein verminderter Antrieb). Zusätzlich kommt es zu Beeinträchtigungen im alltäglichen Erleben und Verhalten der Person und einem Verlust an Lebensqualität. Es besteht die Möglichkeit, eine Schweregradeinteilung nach Anzahl der Symptome und Ausmaß der Beeinträchtigung vorzunehmen.

2.2.2 Dysthymie

Bei einer *Dysthymie* handelt es sich um eine anhaltende depressive oder gereizte Stimmung, bei der die auftretenden depressiven Symptome insgesamt weniger stark ausgeprägt sind. Allerdings treten diese für die Dauer von mindestens einem Jahr für den Großteil des Tages an den meisten Tagen auf. Typische Symptome sind Veränderungen im Schlaf- und Essverhalten, Energielosigkeit und Müdigkeit, geringes Selbstvertrauen, weniger Konzentration und ein Gefühl der Hoffnungslosigkeit.

2.2.3 Anpassungsstörung mit Depression

Eine *Anpassungsstörung mit Depression* tritt nach einem belastenden Lebensereignis (z. B. Tod nahestehender Person, Traumatisierung) auf. Dabei beginnen die Symptome im Monat nach dem Ereignis und dauern maximal sechs Monate an.

2.2.4 Bipolare Störung

Bei der *bipolaren Störung* wechseln sich depressive Phasen, manische Phasen und unauffällige Stimmungszustände ab. Manische Phasen kennzeichnen sich durch ein extremes Hochgefühl, das verbunden ist mit sehr viel Energie und Tatendrang. Kinder und Jugendliche in manischen Phasen sind häufig übermütig, innerlich unruhig, hypergereizt und können riskantes Verhalten (z. B. rücksichtsloses Fahren, riskantes sexuelles Verhalten) zeigen. Oft ist die Dauer des nächtlichen Schlafs vermindert und die Selbsteinschätzung überhöht. Bipolare Störungen sind bei Kindern selten und beginnen meistens im Jugend- oder frühen Erwachsenenalter. Die depressiven und manischen Phasen dauern bei Jugendlichen im Gegensatz zu Erwachsenen meistens kürzer an und wechseln sich häufiger ab. Bipolare Störungen treten deutlich seltener auf als rein depressive Störungen (Jugendalter: 1–2 %; van Meter et al., 2011), gehen dafür aber mit schwerwiegenderen Beeinträchtigungen und Komplikationen einher.

2.3 Häufigkeit und Verlauf

Im Kindesalter sind circa 3–4 % und gleich viele Jungen wie Mädchen von einer depressiven Entwicklung betroffen (Mehler-Wex & Kölch, 2008). Ab der Pubertät leiden doppelt so viele weibliche wie männliche Jugendliche an einer Depression, und es wird davon ausgegangen, dass jeder 10. Jugendliche bis zum 18. Lebensjahr eine depressive Episode erlebt hat (Wartberg et al., 2018). Insgesamt sind in den letzten Jahren steigende Zahlen von Depressionen bei Kindern und Jugendlichen zu beobachten. Grund hierfür sind unter anderem gesamtgesellschaftliche Entwicklungen und diverse Krisenlagen (Daly, 2022).

Bei Kindern und Jugendlichen dauern depressive Episoden häufig kürzer an als bei Erwachsenen, die genaue Länge variiert individuell jedoch stark und kann bei wenigen Wochen bis hin zu mehreren Monaten und Jahren liegen. Bei einer früh beginnenden Behandlung, wenigen zusätzlichen Risikofaktoren und einem leichten bis mittleren Schweregrad stehen die Chancen für eine Remission gut (Mudra & Schulte-Markwort, 2020). Da dies jedoch häufig nicht der Fall ist, ist die Rückfallrate, trotz schnellerer Erholung als bei Erwachsenen, hoch: So sind nach einem Jahr 25 % und nach 5 Jahren 75 % erneut depressiv (Klasen et al., 2017).

Depressive Entwicklungen im Kindes- und Jugendalter haben kurzfristig und langfristig negative Folgen. Depressive Symptome beeinträchtigen die Aufmerksamkeit, Konzentration sowie das Arbeitsgedächtnis (Wagner et al., 2015). Auch haben Kinder und Jugendliche mit Depressionen oft ein negatives Fähigkeitsselbstkonzept und schreiben sich Misserfolge selbst zu (Försterling & Binser, 2002); zusätzlich wird das soziale Miteinander oft als Herausforderung erlebt aufgrund von und mit der Folge geringer sozialer Integration. Die beschriebenen Probleme können im schulischen Bereich dazu führen, dass betroffene Kinder und Jugendliche Schwierigkeiten haben, dem Unterrichtsgeschehen zu folgen, Lerninhalte angemessen zu verarbeiten und Aufgabenstellungen zielgerichtet zu erledigen (Castello & Brodersen, 2020). Zudem ist bei depressiven Kindern und Jugendlichen das Suizidrisiko deutlich erhöht (Carballo et al., 2020) – Suizid ist die zweithäufigste Todesursache bei Kindern und Jugendlichen (▶ Kap. 4.7 Umgang mit Verdacht auf Suizidalität).

Langfristig kontinuieren früh einsetzende Depressionen oft bis ins Erwachsenenalter und können die sozialen Beziehungen, Schulleistungen und die Entwicklung Betroffener insgesamt negativ beeinflussen (Clayborne et al., 2019; Johnson et al., 2018). Es treten beispielsweise häufiger weitere psychische Störungen auf, es kommt zu mehr Schwierigkeiten in Beziehungen und Beruf, zudem ist das Risiko von Substanzmissbrauch erhöht.

2.4 Risiko- und Schutzfaktoren

Die Entstehung einer depressiven Entwicklung muss als Interaktion verschiedener Faktoren verstanden werden. Während Risikofaktoren die Wahrscheinlichkeit, depressiv zu erkranken, erhöhen, können Schutzfaktoren negative Entwicklungen abpuffern bzw. abmildern.

2.4.1 Risikofaktoren

Einer depressiven Erkrankung können unterschiedliche Risikofaktoren zugrunde liegen, wobei in der Entstehung von einem komplexen Zusammenspiel biologischer, sozialer und psychischer Faktoren ausgegangen wird. Nach Groen & Petermann (2013) können die Risikofaktoren in fünf Bereiche gegliedert werden:

Biologisch bedeutsam sind

- Alter (je älter, desto höher das Erkrankungsrisiko),
- Geschlecht (weiblich),
- Auffälligkeiten im Hirnstoffwechsel (z.B. Serotoninmangel),
- biologische Stressempfindlichkeit und
- genetische Faktoren: Kinder und Jugendliche mit einem depressiv erkrankten Elternteil haben eine deutlich höhere Erkrankungswahrscheinlichkeit (Goodman et al., 2011).

Kognitiv-emotional steigern

- ungünstige gedankliche Verarbeitungs- und Bewertungsmuster,
- ein negatives Bild von sich, anderen und der Zukunft,
- unzureichende Emotionsregulation bzw. negative Affektivität und
- mangelnde Problemlösefertigkeiten

das Risiko für eine depressive Entwicklung.

Familiär können

- eine geringe Bindungsqualität zwischen Eltern und Kindern,
- abweichendes elterliches Verhalten (z.B. Alkoholismus, impulsiver oder autoritärer Erziehungsstil),
- anhaltende Disharmonie,
- Trennungen und Verlusterlebnisse,
- psychische Erkrankungen eines Elternteils und
- andere familiäre Belastungen (z.B. Missbrauch, Misshandlung, Streit)

bedeutsam für eine depressive Entwicklung sein.

Risikobehaftete *soziale Faktoren* sind

- geringe soziale Kompetenzen,
- wenige Kontakte und Freundschaften,
- Ablehnung und Isolation und
- belastende Erfahrungen im Freundeskreis (z.B. Streit, Trennung, Tod oder Krankheit).

Kritische Lebensereignisse und Stress können ebenfalls Risikofaktoren darstellen, beispielsweise in Form von

- überzogenen Leistungserwartungen im schulischen Kontext und einer nicht angemessenen Form des Unterrichts (z.B. wegen Unter- oder Überforderung, unerkannter Teilleistungsstörungen),

- Stress im sozialen Umfeld durch sozioökonomische Belastungen, Migration, Umzüge und Trennungen,
- Substanzmissbrauch von z. B. Alkohol und Cannabis (Brière et al., 2014).

2.4.2 Schutzfaktoren

Neben Faktoren, die die Entstehung einer Depression begünstigen, existieren auch *Schutzfaktoren*. Sie stärken die psychische Widerstandfähigkeit, die auch als *Resilienz* bezeichnet wird. Je stärker diese schützenden Ressourcen ausgebildet sind, desto weniger psychische Auffälligkeiten sind zu beobachten. Schutzfaktoren tragen zur Stabilisierung und Abmilderung negativer Effekte bei und stellen einen »Puffer« zwischen der psychischen Verletzlichkeit und einer depressiven Entwicklung dar (Klasen et al., 2017).

Auf *individueller* Ebene stärken

- eine positive Lebenseinstellung mit lösungsorientierter Perspektive,
- die Nutzung bewährter Lösungsstrategien,
- erlebte Selbstwirksamkeit und Eigeninitiative, vor allem bezüglich der Suche und Annahme von Hilfe,
- das Erlernen und Einsetzen von positiven Strategien zum Umgang mit Stress

die Resilienz.

Schulisch können

- ein positives Schul- und Klassenklima (u. a. ein wertschätzendes Klassenklima und eine positive Beziehung zu Lehrkräften),
- ein Mitbestimmungsrecht von Schülerinnen und Schülern (z. B. Klassenrat),

- die Besprechung von Konflikten in der Klasse und
- das Aufstellen von Regeln zum Umgang miteinander die psychische Widerstandsfähigkeit stärken.

Familiär ist ein positives Familienklima günstig. Im *sozialen* Umfeld kann die Resilienz durch unterstützende soziale Beziehungen, auch durch Lehrkräfte, gestärkt werden.

2.5 Erklärungskonzepte

Die Entstehung von Depressionen kann durch ein *Vulnerabilitäts-Stress-Modell* (▶ Abb. 1; Groen & Petermann, 2011) beschrieben werden. Vulnerabilität bezeichnet dabei eine psychische Verletzlichkeit. Im Sinne des Modells wird angenommen, dass erblich bedingte Faktoren, Persönlichkeitsmerkmale, negative Bindungs- und Erziehungserlebnisse und eine nicht ausreichende Befriedigung von Grundbedürfnissen (z. B. emotionale Deprivation) in der Kindheit zu einer erhöhten Vulnerabilität führen. Diese Verletzlichkeit kann sich auf verschiedenen Ebenen, wie zum Beispiel bei der Emotionsregulation, als negativer Affekt, durch erhöhte Stressreaktionen, negative Denkmuster, mangelnde soziale Kompetenzen und eine geringe Problemlösefähigkeit zeigen. Kommen im Jugendalter spezifische Einflüsse und Probleme wie Veränderungen durch die Pubertät, gesellschaftliche Einflüsse wie soziale Medien und belastende Lebensereignisse und Stress (z. B. Mobbing) hinzu, kann eine depressive Phase ausgelöst werden. Aufrechterhalten werden kann die Depression durch die Belastung und den Stress, den depressive Symptome auslösen.

2 Pädagogisches Basiswissen

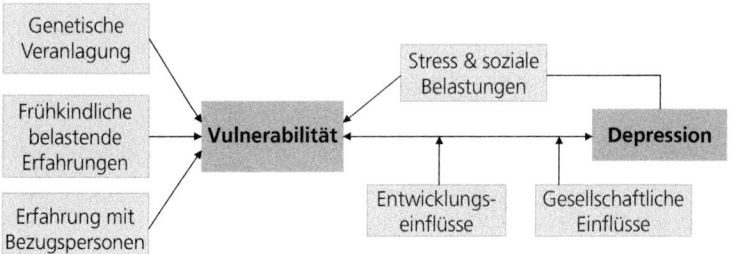

Abb. 1: Vulnerabilitäts-Stress-Modell zur Erklärung der Entstehung einer Depression (eigene Abbildung nach Groen & Petermann, 2011).

3 Umgang mit Hinweisen auf eine depressive Entwicklung

Im pädagogischen Alltag kann auf unterschiedlichen Wegen der Verdacht auf eine depressive Entwicklung bei einer Schülerin oder einem Schüler entstehen. So können Hinweise von Gleichaltrigen, das Gespräch mit Kolleginnen oder Kollegen, die eigene tägliche informelle Verhaltensbeobachtung, mündliche oder schriftliche Äußerungen ein Auslöser für einen Klärungsbedarf sein.

Als Grundlage für eine mögliche pädagogische Initiative (▶ Kap. 3.1 Dokumentation) sollten zunächst die wichtigsten Informationen zur Lebenssituation einer betreffenden Person sowie zu möglicherweise depressionsbedingten Auffälligkeiten betrachtet werden:

Informationen zur Lebenssituation:

- Es sollten Informationen zur bisherigen Schullaufbahn, zum familiären Hintergrund und zu den aktuellen Lebensumständen der Schülerin bzw. des Schülers vorliegen.
- Von Bedeutung sind auch schulische sowie familiäre bzw. andere außerschulische Belastungsfaktoren.
- Gleichzeitig sollten mögliche Ressourcen erhoben werden, die vorhandene Belastungen kompensieren können, wie z.B. soziale Beziehungen, Kompetenzen und Interessen.

Informationen zu Auffälligkeiten: Auffälligkeiten, die Hinweise auf eine depressive Entwicklung geben (▶ Kap. 2 Pädagogisches Basiswissen), können:

- im Verhalten liegen, wie z. B. soziales Rückzugsverhalten, Reizbarkeit, Motivations- und Interesseverlust, verbunden mit schulischen Fehlzeiten (auch entschuldigten),
- im Denken auftreten, wie u. a. durch negativ verzerrte Kognitionen, kognitive Einbußen in der Konzentration, Merk- und Planungsfähigkeit verbunden mit reduzierten schulischen Leistungen und
- sich im emotionalen Erleben zeigen durch z. B. auffällige Traurigkeit.

Für den Fall, dass Hinweise auf Suizidalität vorliegen, muss dies zuerst vollständig abgeklärt werden (▶ Kap. 4.7 Umgang mit Verdacht auf Suizidalität)!

3.1 Bestandteile einer pädagogischen Dokumentation

Der Prozess der Erhebung von Informationen und die hierauf folgenden Schritte sollten dokumentiert werden, um die dabei getroffenen Entscheidungen nachvollziehen und begründen zu können. Eine sinnvolle pädagogische Dokumentation hält nur die wesentlichen Informationen fest. Sie unterstützt im Klärungsprozess die Planung und Organisation und erleichtert eine begleitende Evaluation des pädagogischen Handelns (▶ Kap. 4.8 Qualitätssicherung und evaluative Perspektive).

Ausgangspunkt dieser Dokumentation sind die vorhandenen Hinweise, die auf eine depressive Entwicklung hindeuten. Diese werden zunächst kurz zusammengefasst. Insbesondere werden Auffälligkeiten im Verhalten, im Denken und im emotionalen Erleben festgehalten. Es werden relevante Informationen zur bisherigen Schullaufbahn beschrieben sowie zum familiären Hintergrund und zur aktuellen Lebenssituation. Von Bedeutung für die Einordnung der

3.1 Bestandteile einer pädagogischen Dokumentation

bisherigen Erkenntnisse ist zudem die Frage nach schulischen und außerschulischen Belastungsfaktoren und Ressourcen. In allen Fällen wird dokumentiert, ob Hinweise auf Suizidalität vorliegen und in welcher Weise darauf pädagogisch reagiert wurde (▶ Kap. 4.7 Umgang mit Verdacht auf Suizidalität).

Auf der Grundlage der beschriebenen Belastungen, Ressourcen und erhobenen Auffälligkeiten werden die im weiteren Verlauf formulierten pädagogischen Ziele festgehalten, wie z. b. das Überwinden negativen Denkens oder die Reduktion von Passivität und Rückzugsverhalten, die durch pädagogische Initiativen erreicht werden sollen. Deren Planung wird ebenso innerhalb der Dokumentation festgehalten, d. h. wer wann welche Schritte durchgeführt hat. Es finden sich dort zudem Notizen, die die Umsetzung der geplanten Schritte betreffen. In Form einer deskriptiven Ergebnisdarstellung werden abschließend evaluative Informationen festgehalten.

Tab. 1: Pädagogische Dokumentation

Pädagogische Dokumentation
Anlass
Informationen zur schulischen Entwicklung
Familiärer Hintergrund
Aktuelle Lebenssituation
Belastungsfaktoren (schulisch/außerschulisch)
Ressourcen (schulisch/außerschulisch)
Hinweise auf Suizidalität

3 Umgang mit Hinweisen auf eine depressive Entwicklung

Tab. 1: Pädagogische Dokumentation – Fortsetzung

Pädagogische Dokumentation		
Auffälligkeiten im Verhalten		
Auffälligkeiten im Denken		
Auffälligkeiten im emotionalen Erleben		
Pädagogisches ZIEL 1:	Pädagogische Initiative ZIEL 1: WER macht WANN, WAS?	Ergebnisdarstellung ZIEL 1:

Diese für die pädagogische Arbeit wesentlichen Informationen können u. a. im Kontakt mit den Betroffenen, durch eine Verhaltensbeobachtung, im Gespräch mit Kolleginnen und Kollegen oder mit Bezugspersonen erhoben werden. Die Dokumentation sollte durch die verantwortliche pädagogische Ansprechperson erfolgen, wie z. b. Klassenlehrkraft, Schulsozialarbeiterin bzw. Schulsozialarbeiter oder Sonderpädagogin bzw. Sonderpädagoge.

3.2 Verhaltensbeobachtungen

Bei der Identifikation von Hinweisen auf depressive Symptome kommt Lehrkräften eine besondere Rolle zu: Sie stehen in engem Kontakt zu ihren Schülerinnen und Schülern, erleben sie über einen längeren Zeitraum in formellen sowie informellen Situationen und können auffällige Veränderungen daher oft als Erste bemerken. Dieser Vorteil kann genutzt werden: Ist ihnen bewusst, wie sich de-

3.2 Verhaltensbeobachtungen

pressive Verstimmungen im Denken und Verhalten betroffener Schülerinnen und Schüler äußern können, können sie Anzeichen frühzeitig erkennen und pädagogische Initiativen in Gang bringen. Gerade für das Erkennen von Auffälligkeiten ist es also bedeutsam, Schülerinnen und Schüler zu beobachten und Auffälligkeiten zu dokumentieren (▶ Kap. 3.1 Dokumentation). Dabei kann unterschieden werden zwischen Alltagsbeobachtungen, die eher beiläufig und ohne ein vorher definiertes Ziel ablaufen (informelle Beobachtungen), und systematischeren Beobachtungen, die geplant und zielgerichtet erfolgen. Im Schulalltag haben beide Varianten bestimmte Vorteile und daher ihre Berechtigung:

- *Informelle Beobachtungen* eignen sich, um Auffälligkeiten auch spontan, d.h. ungeplant zu beobachten und zu dokumentieren. Zudem lassen sie sich in beliebigen Kontexten anwenden (z.B. im Unterricht, auf dem Pausenhof, im Schulkorridor etc.). Sie sind oft die Grundlage für die Bildung von Annahmen (z.B. wenn eine Lehrkraft wiederholt Traurigkeit bei einer Schülerin oder einem Schüler feststellt, ohne diese bzw. diesen gezielt beobachtet zu haben, und daraus die Fragestellung entsteht, ob dies möglicherweise ein Hinweis auf eine depressive Entwicklung sein könnte). Das Vorgehen ist dabei nicht näher definiert: Auffälligkeiten im Denken und Verhalten können nach eigenem Ermessen notiert werden.
- *Systematische Beobachtungen* eignen sich insbesondere dann, wenn bereits ein Verdacht auf eine depressive Entwicklung besteht. Dann ist es sinnvoll, eine Beobachtung zu planen und sowohl Verhalten als auch Äußerungen betroffener Schülerinnen und Schüler wiederholt und systematisch zu dokumentieren. Dafür sollten vorab einige Kriterien festgelegt werden (vgl. Ingenkamp & Lissmann, 2008).

Zur Orientierung bei systematischen Beobachtungen dient dabei die Leitfrage: *Was* soll *wann wie* und *von wem* beobachtet werden?

3 Umgang mit Hinweisen auf eine depressive Entwicklung

1. WAS?

Das Ziel der Beobachtung ist es, Auffälligkeiten im Verhalten einer Schülerin bzw. eines Schülers zu bemerken und zu dokumentieren. Dafür ist es wichtig, mögliche Anzeichen einer depressiven Entwicklung zu kennen (▶ Kap. 2 Pädagogisches Basiswissen). Werden diese beobachtet, sollten sie möglichst konkret notiert werden. Dazu gehören beispielsweise:

- wiederholt auftretendes Rückzugsverhalten (z. B.»Schülerin bzw. Schüler steht allein auf dem Pausenhof«,»Schülerin bzw. Schüler meidet Blickkontakt, wenn sie bzw. er angesprochen wird«, wiederholte Fehlzeiten)
- Auffälligkeiten im emotionalen Erleben: Niedergeschlagenheit, Traurigkeit (z. B.»Schülerin bzw. Schüler weint«,»gebeugte Körperhaltung mit gesenktem Kopf«)
- Auffälligkeiten im Denken: verzerrte Annahmen, negatives Denken (z. B. »Schülerin bzw. Schüler äußert im Gespräch wiederholt: Ich bin zu doof für die Schule«)
- leichte Reizbarkeit (z. B.»Schülerin bzw. Schüler flucht im sozialen Kontakt mit Mitschülerinnen oder Mitschülern«)
- Konzentrationsmangel und eingeschränkte Merkfähigkeit (z. B.»Schülerin bzw. Schüler bricht eine Aufgabe ab«,»Schülerin bzw. Schüler schaut während einer Stillarbeitsphase dauerhaft aus dem Fenster«)
- weitere Auffälligkeiten (z. B. Unlust oder Verlust von Interesse, wiederholte Müdigkeit, körperliche Beschwerden, Mobbing etc.)

Neben Auffälligkeiten ist es auch hilfreich, beobachtete Ressourcen und Kompetenzen zu notieren, wie beispielsweise:

- positive Sozialkontakte (z. B.»Schülerin bzw. Schüler unterhält sich wiederholt mit Mitschülerin bzw. Mitschüler x/y«,»Schülerin bzw. Schüler verbringt die Pause zusammen mit x/y«)
- individuelle Kompetenzen (z. B.»Schülerin bzw. Schüler kommuniziert, dass ihr bzw. ihm etwas Bestimmtes guttut«)
- persönliche Interessen/ Hobbies (z. B.»Schülerin bzw. Schüler spielt in der Pause Fußball«)

Je konkreter eine Verhaltensweise formuliert wird, desto besser, weil dann während der Beobachtung weniger Schlussfolgerungen und Interpretationen notwendig sind und dadurch etwaige Fehler reduziert werden.»Schülerin bzw. Schüler weint« ist also eine nützlichere Dokumentation als»Schülerin bzw. Schüler ist traurig«.

2. WANN?

Der Zeitraum für eine systematische Beobachtung sollte vorher festgelegt werden. Dafür kann beispielsweise eine bestimmte Situation definiert werden, während derer mögliche Auffälligkeiten notiert werden. Für die Beobachtung von Auffälligkeiten hinsichtlich einer depressiven Entwicklung gibt es verschiedene sinnvolle Zeiträume, beispielsweise:

- eine Schulstunde
- eine Pause
- zwei Wochen lang jede unterrichtete Stunde
- einen Monat lang jede große Pause
- bestimmte Arbeitsphasen und Unterrichtssituationen (z. B. Gruppenarbeit, Stillarbeit, Referate etc.)
- Gesprächssituationen (z. B. Feedbackgespräch nach einer Klassenarbeit)

3. WIE?

Die einfachste Art der Beobachtung ist es, jede Auffälligkeit unmittelbar zu notieren, sobald sie bemerkt wird. Um während der Beobachtungssituation etwas entlastet zu werden, kann es auch hilfreich sein, bestimmte Verhaltensweisen bereits im Vorfeld aufzuschreiben und die Auftretenshäufigkeit zu dokumentieren. So kann beispielsweise jedes Mal, wenn die zu beobachtende Schülerin bzw. der zu beobachtende Schüler ein bestimmtes Verhalten zeigt, ein Strich gemacht werden. Alternativ kann auch die Intensität eines Verhaltens, z. B. auf einer Skala von 1–5, eingeschätzt werden. Beides setzt allerdings voraus, dass das Verhalten erwartbar ist oder zumindest in Erwägung gezogen wird, damit es überhaupt vorab in der Liste aufgeführt werden kann.

Da die Aufmerksamkeit begrenzt ist, ist es kognitiv herausfordernd, den Unterricht zu geben und gleichzeitig eine Verhaltensbeobachtung durchzuführen. Um die Beobachterin bzw. den Beobachter zu entlasten, kann es sinnvoll sein, bestimmte Situationen (z. B. Gespräche, Gruppenarbeiten o. a.) mit einer Kamera aufzuzeichnen. Dieses Vorgehen ist zwar aufwändiger (neben der technischen Anforderung ist auch das Einholen von Einverständniserklärungen zu beachten), bietet aber den Vorteil, dass auf diese Weise das Verhalten zeitlich unabhängig vom eigentlichen Auftreten und sogar mehrmals beobachtet werden kann.

4. VON WEM?

Die Beobachtung kann von verschiedenen Personen durchgeführt werden. Logistisch am einfachsten ist es, wenn die Lehrkraft selbst die Beobachtung durchführt und auffälliges Verhalten direkt notiert (aktiv-teilnehmende Beobachtung). Das hat den Vorteil, dass die eigentliche Situation (z. B. der Unterricht) nicht verfälscht

wird und das Verhalten somit in der Regel authentisch ist. Ein großer Nachteil an diesem Vorgehen ist es jedoch, dass es in der praktischen Umsetzung eine große Herausforderung ist, die Doppelfunktion als Lehrkraft und Beobachterin bzw. Beobachter adäquat zu erfüllen. Im alltäglichen Unterrichtsgeschehen die Aufmerksamkeit zusätzlich auf potenzielle Auffälligkeiten von Schülerinnen und Schülern zu richten und möglicherweise zahlreiche und komplexe Verhaltensweisen auf einem Bogen zu notieren, birgt ein hohes Risiko für Fehler, so dass Dinge übersehen oder falsch eingeschätzt werden könnten.
Es kann daher sinnvoll sein, eine zweite Person (z. B. eine zweite Lehrkraft oder eine Schulsozialarbeiterin bzw. einen Schulsozialarbeiter) die Beobachtung übernehmen zu lassen. Diese ist dann beispielsweise während einer Schulstunde anwesend, nimmt aber nicht aktiv am Unterrichtsgeschehen teil. Man spricht daher auch von einer passiv-teilnehmenden Beobachtung. Schülerinnen und Schüler könnten auf die veränderte Situation zwar mit einer Anpassung ihres Verhaltens reagieren; bei wiederholtem Vorgehen ist allerdings von einer raschen Gewöhnung auszugehen.
Ähnlich ist es bei einer nicht-teilnehmenden Beobachtung, bei der beispielsweise eine Kamera aufgestellt wird. Dies ist wohl die objektivste Methode, aufgrund der technischen Geräte und damit verbundenen Einschränkungen (z. B. beschränkter Blickwinkel, mögliche Beeinflussung der Situation) aber nicht immer die erste Wahl.

Ob informelle oder systematische Beobachtung: Wichtig ist es, eine Sensibilität für mögliche Auffälligkeiten zu entwickeln. Zudem ist es sinnvoll, die Durchführung von Beobachtungen im Schulalltag zu üben. Das kann auch mit anderen Verhaltensweisen im Unterricht oder in der Pause trainiert werden (z.B. Sozialverhalten bei Gruppenarbeiten).

3.3 Gespräche im Kollegium

Besteht der Verdacht einer depressiven Entwicklung bei einer Schülerin oder einem Schüler, sollte dies im Kollegium besprochen

3.3 Gespräche im Kollegium

werden. Ziele dieses Austausches mit anderen in der Klasse tätigen Lehrkräften sind:

- Abklärung, ob die Auffälligkeiten nur in einem Fach bzw. bei einer Lehrkraft auftreten,
- Beteiligte auf einen gemeinsamen Wissensstand zu bringen (z.b. welche Schritte bereits eingeleitet wurden) sowie die
- Besprechung des weiteren gemeinsamen Vorgehens.

Es ist wertvoll, vor dem Gespräch die eigenen Beobachtungen zu dokumentieren (▶ Kap. 3.1 Dokumentation). Hierbei werden Auffälligkeiten, Belastungsfaktoren und Ressourcen benannt, die im kollegialen Gespräch ggf. ergänzt und/oder korrigiert werden können. Im Gespräch selbst ist es wichtig, strukturiert nachzufragen:

- Was ist der Kollegin bzw. dem Kollegen konkret aufgefallen?
- Wie lange bestehen diese Auffälligkeiten schon?
- Wie ist die Schülerin bzw. der Schüler im schulischen Alltag dadurch beeinträchtigt?
- Welche Handlungsschritte wurden bereits unternommen (z.B. Gespräch mit Schülerin bzw. Schüler, Verhaltensbeobachtung)?

Zudem kann darum gebeten werden, noch einmal genauer hinzuschauen und zum Beispiel eine Verhaltensbeobachtung durchzuführen (▶ Kap. 3.2 Verhaltensbeobachtung). Nach dem Austausch sollte das Besprochene dokumentiert werden, dafür eignet sich beispielsweise der in Kapitel 3.1 (▶ Kap. 3.1) vorgestellte Dokumentationsbogen. Zudem sollte das weitere Vorgehen geklärt und eine hauptverantwortliche Person benannt werden, um ein gemeinsames und zielgerichtetes Vorgehen zu gewährleisten.

3.4 Gesprächsangebot für Betroffene und Bezugspersonen

Mit dem pädagogischen Grundlagenwissen über eine depressive Entwicklung und auf der Basis der Erkenntnisse einer Verhaltensbeobachtung und/oder Austausch im pädagogischen Kollegium sollte ein pädagogisches Gespräch mit der betroffenen Person bzw. deren Bezugspersonen stattfinden. Ziele eines solchen Gesprächs sind es:

- die eigenen Erkenntnisse mitzuteilen,
- die Sicht der Betroffenen bzw. Bezugspersonen zu erfragen,
- weitere Informationen zu erheben und
- die möglichen nächsten Schritte zu besprechen.

3.4.1 Kontaktaufnahme

Ein erstes Kontaktangebot an die Betroffenen bzw. wichtige Bezugspersonen sollte im Vorfeld deren Motivation stärken, in eine Kooperation mit der pädagogischen Ansprechperson zu treten. Insofern spielen Erwartungen eine wesentliche Rolle, d. h. worum es gehen wird und worin das Ziel bestehen soll. Die Informationen aus den unterschiedlichen genutzten Quellen sollten also vor einer ersten Kontaktaufnahme gebündelt vorliegen. Aus einer kurzen und umgangssprachlich formulierten Zusammenfassung sollte das Ziel des Gesprächs deutlich werden. Benannt werden müssen die zum Gespräch eingeladenen Personen (schulische Ansprechpartnerinnen und -partner, Bezugspersonen und Schülerin bzw. Schüler), es sollten Ort, Zeit und Dauer des Gesprächs konkret vereinbart werden. Nur in Ausnahmefällen ist es sinnvoll, das Erstgespräch nicht in Präsenz stattfinden zu lassen.

Bevor Kontakt zu den Bezugspersonen aufgenommen wird, sollte dies in der Regel gegenüber der Schülerin bzw. dem Schüler vorab persönlich angekündigt und erläutert werden. Die insbesondere bei Jugendlichen erwartbare Frage nach dem Ziel des Gesprächs sollte beantwortet werden – es geht um das Wohlergehen, »*darum, wie es Dir/ Ihnen geht*«.

3.4.2 Vorbereitung des Erstgesprächs

Für das eigentliche Erstgespräch empfiehlt sich eine Vorbereitung auf mehreren Ebenen. Wichtig sind die in Kapitel 2 (▶ Kap. 2) dargestellten fachlichen Grundlagen und die bisher vorliegenden Erkenntnisse. Weiterhin kann es sinnvoll sein, den Kenntnisstand der Betroffenen und Bezugspersonen zu antizipieren. Hiervon ausgehend können psychoedukative Informationen entlang der zielgruppenspezifischen Informationsblätter (siehe Anhang) und mögliche Fragen entlang des Dokumentationsbogens vorbereitet werden.

Es ist ratsam, die Kontaktdaten von regionalen Institutionen sowie Ansprechpartnerinnen und -partnern im Bereich der Erziehungsberatung und Kinder- und Jugendpsychotherapie benennen zu können. Zur Recherche im Bereich Erziehungs- und Familienberatungsstellen stellt der Fachverband für Erziehungs-, Familien- und Jugendberatung (Bundeskonferenz für Erziehungsberatung BKE) eine Suche über www.bke.de/bke/beratungsstellensuche zur Verfügung. Die Bundespsychotherapeutenkammer BPTK stellt ihrerseits eine regional geordnete Suche nach Psychologischen Psychotherapeutinnen und -therapeuten sowie Kinder- und Jugendlichenpsychotherapeutinnen und -therapeuten unter www.bptk.de/service/therapeutensuche zur Verfügung.

3.4.3 Grundlegendes für das Gespräch

Die Durchführung eines gut vorbereiteten Beratungsgesprächs sollte in einer ruhigen Atmosphäre stattfinden. Das Gespräch sollte als Auftakt einer gemeinsamen Lösungssuche der schulischen Ansprechpartnerinnen und -partner, der Betroffenen und ihrer Bezugspersonen verstanden werden. Ein solches Gesprächsangebot vor dem Hintergrund einer vermuteten emotionalen Belastung oder depressiven Entwicklung findet in aller Regel in Anwesenheit der Eltern bzw. Bezugspersonen und dem Kind oder Jugendlichen statt. Entlang der von Ahl (2023, S. 101) formulierten Entscheidungshilfe zur Beteiligung des Kindes bzw. Jugendlichen an pädagogischen Gesprächen wird dies nachvollziehbar:

- Es ist elementar wichtig, die betroffene Person anzuhören, auch um mögliche Belastungsfaktoren zu identifizieren.
- Obwohl das Entwicklungsalter des Kindes bzw. Jugendlichen eine zentrale Rolle spielt, ist es essentiell wichtig, Betroffene bei der Entwicklung von Lösungswegen zu beteiligen.
- Eine ernsthafte Kooperation der Schülerin oder des Schülers ist eine notwendige Voraussetzung für das Gelingen einer pädagogischen Initiative.

Eine Trennung von Eltern- bzw. Erwachsenen-Ebene einerseits und Kind-Ebene andererseits kann bei einigen Themen erwogen werden. Dies kann beispielsweise bedeuten, dass Aspekte des Erziehungsverhaltens oder der Elternverantwortung unter vier bzw. sechs Augen besprochen werden sollten.

3.4.4 Gesprächsablauf

Für den Ablauf eines Gesprächs schlagen Hennig und Ehinger (2016, S. 95) für die gastgebende Person vor, nach einer Begrüßung das Gespräch zu eröffnen. Sie sollte den Gesprächsanlass benennen (z. B. »*Ich würde gerne darüber sprechen, wie es x/y geht*«) und das Ziel des Gesprächs darstellen (z. B. »*Wir sollten heute gemeinsam Schritte planen, wie es jetzt gut weiter gehen kann*«). Eine kurze Vorschau unterstützt die Gesprächsstruktur (z. B. »*Ich werde kurz meine Sicht darstellen, und dann haben Sie die Möglichkeit, zu Wort zu kommen. Danach überlegen wir ge-*

3.4 Gesprächsangebot für Betroffene und Bezugspersonen

meinsam, wie es weitergeht«). Hilfreich ist es zudem, einen zeitlichen Rahmen festzulegen – in Anwesenheit von Kindern sollte eine Dauer von 45 Minuten nicht überschritten werden.

Die schulische Ansprechperson stellt dann ihre Erkenntnisse entlang ihrer Dokumentation dar, wobei hier für Kinder angemessene und kindgerechte Formulierungen vorbereitet werden sollten. Dies kann beispielsweise umgesetzt werden, indem Kontexte, in denen auffälliges Verhalten beobachtet wurde, dargestellt werden *(»als wir uns alle gemeinsam über die Klassenfahrt unterhalten haben«)*, Analogien gewählt werden (z. B. *»(...) auf mich gewirkt, als ob du gar nicht da bist«*) usw. Wenn die wichtigsten Beobachtungen und Erkenntnisse vermittelt worden sind, sollte eine Gesprächsaufforderung erfolgen mit dem Ziel, die Sicht der Betroffenen und Bezugspersonen zu erfragen: *»Mich würde nun interessieren, was Sie darüber denken bzw. du darüber denkst«*, sodass die Anwesenden die Gelegenheit bekommen, sich zu äußern. Es muss sichergestellt werden, dass alle Beteiligten zu Wort kommen und die wichtigsten Informationen ausgetauscht werden können. Dann werden in einem Zwischenfazit die Gemeinsamkeiten und Unterschiede zusammengefasst. Ein letzter Schritt besteht nun darin, mögliche Ziele zu formulieren, die sich an den Gemeinsamkeiten orientieren (z. B. *»Wir wollen alle verstehen, wie es dir eigentlich geht«* oder *»Wir denken, es wäre wichtig, dass in deinem Alltag mehr Aktivität eintritt«).* Diese Ziele werden für die Dokumentation schriftlich festgehalten.

Je nach Gesprächsverlauf wird ein weiterer Termin vereinbart, zu dem die Umsetzung von Initiativen und ggf. weitere Ziele besprochen werden. Nicht immer gelingt es im Rahmen eines ersten Gesprächs, die erforderlichen Schritte zu initiieren. Vielfach ist es sinnvoll, wichtige Informationen zum Themenfeld Depression zugänglich zu machen bzw. weiterzugeben.

Es gelingt nicht immer, die erwachsenen Bezugspersonen unmittelbar zur Übernahme ihrer Verantwortung für das Wohlergehen eines Kindes oder Jugendlichen zu bewegen. Für diesen Fall sollte deutlich gemacht werden, dass Schule und Elternhaus das gemeinsame Interesse verfolgen, dass es der Schülerin oder dem Schüler gut geht. Bei einer vollständigen Verweigerung der Kooperation und gleichzeitig großer Belastung des Kindes oder Jugendlichen muss geklärt werden, ob der Verdacht einer Kindeswohlgefährdung vorliegt – hierbei bietet sich eine Vorgehensweise beispielsweise auf der Basis der Einschätzskala Kindeswohlgefährdung für Kinder im Schulalter (KiWo-Skala Schulkind) an (Bensel et al., 2016; verfügbar unter www.kvjs.de). Die KiWo-Skala Schulkind kann durch die Erfassung von möglichen Auffälligkeiten, die entlang eines Leitfadens durchgeführt wird, eine pädagogische Orientierung geben, ob in einem konkreten Fall aufgrund der Beobachtungen der Verdacht auf eine Gefährdung des Kindeswohls begründet ist.

3.4.5 Psychoedukation für Eltern oder Bezugspersonen

Im Rahmen eines Elterngesprächs sollte ein leitender Gedanke sein, dass für die Eltern bzw. Erziehungsberechtigten von einer depressiven Entwicklung ihres Kindes eine erhebliche Belastung ausgehen kann. Eltern empfinden oft Scham und Schuld, wenn psychische Auffälligkeiten ihres Kindes offenbar werden. Dies ist auch deshalb von großer Bedeutung, weil die Belastung der Eltern auf den Zustand des Kindes zurückwirken, d.h. eine negative Feedbackschleife entstehen kann (vgl. Early et al., 2002).

Zwar nehmen die erwachsenen Bezugspersonen Betroffener zumeist durchaus wahr, dass ihre Tochter oder ihr Sohn leidet, haben meist aber noch kein Bewusstsein dafür, dass es sich um eine depressive Entwicklung handeln könnte (vgl. Bradby et al., 2007). Insbesondere Schulen können Eltern fehlendes psychoedukatives Wissen zur Verfügung stellen, um ein besseres Verständnis für die Situation ihres Kindes zu entwickeln (Stapley, et al., 2016). Psychoedukation sollte insofern ein zentraler Bestandteil pädagogischer Beratungsgespräche vor dem Hintergrund einer vermuteten depressiven Entwicklung sein. Dieses Vermitteln von grundlegendem Wissen für Eltern durch eine schulische Ansprechperson kann sich an der »*Elterninformation depressive Entwicklung*« orientieren. Dort wird dargestellt, welche Symptome auftreten können, wie Depressionen entstehen und was helfen kann; zudem werden Ansprechpartnerinnen und -partner sowie Ressourcen dargestellt. Die »*Elterninformation depressive Entwicklung*« findet sich im Anhang. Zusätzlich wird dort eine »*Elterninformation depressive Entwicklung*« in leichter Sprache zur Verfügung gestellt.

3.4.6 Gesprächsverhalten gegenüber der Schülerin bzw. dem Schüler

Nur ein kleiner Teil des belasteten Personenkreises nimmt professionelle Hilfe in Anspruch. Faktoren, die dies verhindern, sind u. a. erlebte Stigmatisierung aufgrund psychischer Probleme und fehlendes Wissen über psychische Gesundheit (Mental Health Literacy) (Gulliver et al., 2010). In einer präventiven Vermittlung altersgemäßen Wissens (Psychoedukation) liegt insofern eine wichtige pädagogische Chance.

Schülerinnen und Schüler, die positive Erfahrungen damit machen konnten, negative Emotionen zu äußern und dabei in der Vergangenheit von sozialer Unterstützung profitierten, sind offener für Gesprächs- und Hilfsangebote. Das Gesprächsangebot sollte daher keinesfalls eine zusätzliche Belastung verursachen, sondern erreichen, dass die Schülerin oder der Schüler sich verstanden fühlt.

Ein positives Gesprächsverhalten gegenüber Betroffenen erfordert es, sich ausreichend Zeit zu nehmen und den Gesprächsfluss von Kindern oder Jugendlichen nicht zu beeinflussen z. B. nicht zu ergänzen oder zu unterbrechen. Das Gespräch sollte spürbar signalisieren: »*Du fällst mir nicht zur Last!*« und »*Emotionen sind ok.*« Insbesondere mitfühlende Kommentare erleichtern Betroffenen das Äußern eigener Emotionen. Um das gegenseitige Verständnis zu überprüfen und zu zeigen: »*Ich höre dir zu!*« können zusammenfassende Paraphrasen dienen, die mit den eigenen Worten das Gesagte knapp wiederholen.

3 Umgang mit Hinweisen auf eine depressive Entwicklung

Falls eine Schülerin oder ein Schüler von Suizidgedanken berichtet oder andere Hinweise auf Suizidalität bestehen, muss dieser Punkt explizit angesprochen werden. Die Frage nach Suizidabsichten muss durch die Schülerin bzw. den Schüler eindeutig mit »nein« beantwortet werden! Eine unmittelbare diagnostische Abklärung ist dann notwendig, wenn die Person Suizidmethoden thematisiert, wenn Risikoverhalten oder deutliches Rückzugsverhalten erkennbar wird oder wenn vorbereitende Handlungen stattfinden, beispielsweise indem Dinge verschenkt werden, aufgeräumt wird o. ä. Hier sollte man keine Angst vor einem vermeintlichen »Fehlalarm« haben und akzeptieren, dass Vorsicht im Umgang mit Suizidalität sehr wichtig ist, um Schlimmes zu verhindern (▶ Kap. 4.7 Umgang mit Verdacht auf Suizidalität).

3.4.7 Psychoedukation für Schülerinnen und Schüler

Die Vermittlung von Wissen über mentale Gesundheit hat innerhalb eines solchen Gesprächs mit Schülerinnen und Schülern eine wichtige Funktion. Es sollen Mythen ausgeräumt werden, Handlungsmöglichkeiten benannt und realistische Hoffnung auf eine positive Veränderung vermittelt werden. Dies kann entlang der *»Information für Jugendliche. Wenn es mir nicht gut geht«* umgesetzt werden (siehe Anhang). Hier werden umgangssprachlich Informationen zu den Merkmalen und Entstehungsbedingungen einer depressiven Entwicklung gegeben. Für Jugendliche ist es wichtig zu erkennen, dass sie nicht alleine sind mit ihren Sorgen und grundlegendes Wissen über das Wesen einer depressiven Entwicklung bekommen. Hierzu gehören auch Hinweise, auf welchen Wegen die belastenden Symptome gelindert werden können, sowie Ressourcen zur selbständigen Information und zur Möglichkeit anonymer Beratung. Psychoedukation kann auch im Unterrichtskontext stattfinden, denn das Vermitteln fundamentalen Wissens zur psychischen Gesundheit ist als primärpräventive Maßnahme sehr wirkungsvoll.

3.4 Gesprächsangebot für Betroffene und Bezugspersonen

3.4.8 Entscheidung für eine pädagogische Initiative

Die vorliegenden Informationen, d.h. die informellen Erkenntnisse, Ergebnisse einer Verhaltensbeobachtung, Informationen aus dem Kollegium und/oder aus dem Gespräch mit der Schülerin oder Schüler bzw. Kontaktpersonen bilden die Grundlage für eine Entscheidung über mögliche pädagogische Initiativen.

Die gemeinsam erarbeiteten Ziele sind der Ausgangspunkt für das Durchführen dieser pädagogischen Initiative. In den nun folgenden Abschnitten werden alltagsnahe Möglichkeiten pädagogischen Handelns vorgestellt, die diese verschiedenen Ziele in den Fokus nehmen.

4 Pädagogische Initiativen

4.1 Bewältigung negativen Denkens

Ein häufiges Merkmal von Schülerinnen und Schülern, die unter einer depressiven Entwicklung leiden, ist negativ verzerrtes Denken (▶ Kap. 2 Pädagogisches Basiswissen). Die systematisch veränderte, negativ eingetrübte Bewertung von Ereignissen ist mit der Entstehung von Depressionen verbunden, da negatives Denken zumeist mit negativen Emotionen einhergeht. Eine solche Entwicklung findet während der individuellen Sozialisation aufgrund wiederholter Erfahrungen in unterschiedlichen Zusammenhängen statt, so z. B. wenn familiär aufgrund negativer Ereignisse eine pessimistische Grundhaltung vorherrscht. So fördert eine soziale Umgebung mit pessimistischer, extremer und negativer Bewertungstendenz negatives kindliches Denken. Die dabei entwickelten Schemata verstärken die Neigung zu automatisch-negativem Denken.

Aus einer kognitiv-behavioralen Perspektive entstehen Emotionen nicht ausschließlich durch die Dinge, die man erlebt, sondern durch deren Bewertung. Diese überwiegend automatischen und oft negativ gefärbten Denkprozesse sind meist unbewusst und verlaufen schnell. Sie werden nicht hinterfragt, sondern als selbstverständlich und wahr angenommen. Trotzdem enthalten sie Fehler und führen zu einer zunehmend negativen Stimmung.

Zu den besonders häufig auftretenden negativen Gedanken gehört das Katastrophisieren – Kinder oder Jugendliche übertreiben dabei extrem und entwickeln ein gedankliches Katastrophenszenario, das nachfolgend emotional belastend wirkt. Manchmal schätzen Menschen positive Ereignisse gering oder nehmen sie erst gar nicht erst wahr. Andere verallgemeinern negative Dinge oder übergeneralisieren selten auftretende Ereignisse. In einigen Fällen nehmen Men-

4.1 Bewältigung negativen Denkens

schen ein einmaliges Scheitern als Beleg ihrer kompletten »Unfähigkeit«, andere übernehmen – ohne wirklich beteiligt zu sein – für Dinge die Verantwortung und entwickeln darüber Schuldgefühle (vgl. Hautzinger, 2023).

Durch das systematische Anwenden von Techniken, die dieses negative Denken ändern, werden seit vielen Jahren erfolgreich Menschen psychotherapeutisch unterstützt, die unter ihren negativ verzerrten Bewertungen leiden. Hautzinger und Pössel (2017) haben eine Reihe von Methoden zusammengestellt, die dazu beitragen sollen, dass eine solche Veränderung dysfunktionaler Kognitionen (ungünstiger, negativ eingefärbter Gedanken) möglich wird. Ziel hiervon ist die Einsicht, dass vorhandenes negatives Denken dysfunktional und schädigend wirkt, um alternative Sichtweisen zu entwickeln. Es wird umgesetzt, indem Menschen unterstützend als soziale Modelle wirken (durch lautes Denken), indem die Gedanken anderer oder die eigenen Gedanken kommentiert werden und/oder indem Gedanken geprüft (disputiert) werden.

Im schulischen Alltag finden sich vielfältige Situationen, in denen Schülerinnen oder Schüler aufgrund eines Ereignisses negativ verzerrte Bewertungen entwickeln, wie z. B. Feedbacks, soziale Situationen oder Schulnoten. Das Nachhaken und Hinterfragen unangemessen negativer Gedanken wird erst möglich, wenn sie pädagogisch sensitiv wahrgenommen werden. Hierzu gehören neben mündlich geäußerten, pessimistisch und negativ eingetrübten Äußerungen auch schriftliche Kommentare oder nonverbale Reaktionen – manchmal hilft aber auch Nachfragen weiter: »*Wie denkst du darüber?*« oder »*Was hältst du davon?*«.

Gedanken, die übergeneralisierend, selektiv, übertrieben oder unrealistisch sind, kann man pädagogisch auf unterschiedliche Weise begegnen. Im Zentrum sollte dabei der Respekt vor der Person, aber Respektlosigkeit gegenüber den negativen Gedanken stehen. Durch nachfragendes Aufdecken von unrealistischen Annahmen (»*Hast du das schon einmal erlebt?*« oder »*Kennst du jemanden, dem das bereits passiert ist?*«) können gemeinsam Antworten gefunden werden. Manchmal hilft es zusätzlich, wenn Schülerinnen oder Schüler ihr

Leben innerhalb eines Tagebuchs dokumentieren, beispielsweise um positive Ereignisse zu identifizieren (»*Notiere alle Momente, die heute schön waren!*«). Bei Jugendlichen können im Dialog Brüche thematisiert werden, indem logisches Disputieren stattfindet: »*Wenn dich alle hassen: Weshalb verbringen Menschen Zeit mit dir?*«

Gerade in der Arbeit mit Schülerinnen und Schülern im Jugendalter ist der Einfluss von Gleichaltrigen eine Chance, um gemeinsam an negativen Gedanken zu arbeiten und positives Handeln zu üben. Das Trainingsprogramm zur Prävention von Depressionen bei Jugendlichen LARS & LISA (Lust an realistischer Sicht und Leichtigkeit im sozialen Alltag; Pössel & Hautzinger, 2022) ist ein manualisiertes Präventionsprogramm mit einer Dauer von 20 Schulstunden (10 Wochen), das sich gut in der Schule einsetzen lässt. Ziele sind es, positive Denkmuster und soziale Kompetenzen zu fördern:

- Sitzung 1 und 2: Einführung, Kennenlernen und Formulierung persönlicher Ziele
- Sitzung 3 und 4: Denken, Fühlen und Verhalten
- Sitzung 5 und 6: Erkennen und Verändern negativen Denken
- Sitzung 7 und 8: Selbstsicherheit entwickeln
- Sitzung 9 und 10: Soziale Kompetenzen trainieren

Günstig ist es, wenn LARS & LISA durch zwei erfahrene Anleiterinnen oder Anleiter durchgeführt wird. Es wird durch Jugendliche erfahrungsgemäß sehr gut angenommen und zeigt eine gute Wirksamkeit in der Reduktion negativen Denkens.

4.2 Aktivierung interner und externer Ressourcen

Die Symptomatik einer Depression bringt es häufig mit sich, dass der Fokus von Betroffenen auf Probleme und wahrgenommene Schwierigkeiten ausgerichtet ist. Dadurch verfestigt sich leicht eine negative Sichtweise auf sich selbst, die Umwelt und die Zukunft (Beck, 1976). Es ist daher ein hilfreicher Ansatz, vorhandene Ressourcen (wieder) zu aktivieren, so dass Problemlösefertigkeiten wieder bewusst, Stärken genutzt und Handlungskompetenzen wiedergewonnen werden (Flückiger & Beesdo-Baum, 2020). Ressourcen können als schützende Faktoren und als Gegenstück zu Problemen und Defiziten verstanden werden, die zu psychischem Wohlbefinden beitragen (WHO, 2014).

4.2.1 Interne und externe Ressourcen

Ressourcen können entweder in der Person selbst (interne Ressourcen) oder ihrer Umwelt gefunden werden (externe Ressourcen; z.B. Willutzki & Teismann, 2013). Zu den internen Ressourcen zählen beispielsweise Fähigkeiten, persönliche Eigenschaften, Stärken sowie Hobbies und Interessen. Externe Ressourcen können beispielsweise Hilfekontakte, enge Bindungen innerhalb der Familie, Beziehungen zu Freundinnen und Freunden oder anderen Vertrauenspersonen, aber auch bestimmte Orte oder Sachgegenstände sein wie z.B. Bücher oder Filme. Ressourcen können individuell unterschiedlich sein, d.h. was als Ressource gilt, basiert auf einer subjektiven Beurteilung: Alles, was Betroffene als kraftgebend und positiv einschätzen, kann genutzt werden.

4.2.2 Ressourcenaktivierung im Schulalltag

Ressourcenorientierung kann im Schulalltag als pädagogische Haltung verstanden werden. Es ist sinnvoll, sensibel zu sein für Dinge, die Betroffenen Kraft geben können. Da Schülerinnen und Schüler mit Depressionen Ressourcen während einer depressiven Entwicklung oft nicht selbst wahrnehmen, ist es gut, sie darauf anzusprechen und aufmerksam zu machen. Möglicherweise ergeben sich auch Gesprächssituationen, in denen neben einer direkten Ansprache (inhaltliche Ressourcenaktivierung) auch konkret nach Ressourcen gefragt werden kann (prozessuale Ressourcenaktivierung). Dabei könnte beispielsweise statt der Bezeichnung Ressource der Begriff *Kraftgeber* verwendet werden, der insbesondere für jüngere Kinder, aber auch für Jugendliche häufig besser greifbar ist. Mögliche Fragen könnten lauten:

- Welche Dinge geben dir Kraft?
- Was tust du, wenn du dich überfordert fühlst, um dich wieder stärker zu fühlen?
- Welche Menschen kontaktierst du, wenn es dir nicht gut geht?
- Welche Gedanken geben dir Kraft? Welche Erinnerungen geben dir Kraft?
- Was kannst du gut?
- Was macht dir Spaß?

Aus solchen Fragen lassen sich auch erkennbare Tätigkeiten ableiten, die den Betroffenen guttun und sich positiv auf die Stimmung auswirken (▶ Kap. 4.6).

Hinweise auf externe Hilfe (z. B. Beratungsstellen, Psychotherapeutinnen und -therapeuten) können auch unmittelbar durch die Lehrkraft gegeben werden. Wichtig ist daher, als Lehrkraft regionale Anlaufstellen z. B. unter kommunaler oder kirchlicher Trägerschaft zu kennen (eine Suchfunktion bieten beispielsweise die Stiftung Deutsche Depressionshilfe und Suizidprävention unter www.deutsche-depressionshilfe.de und die bereits oben [▶ Kap. 3.4.2] genannte

Bundespsychotherapeutenkammer BPTK unter www.bptk.de/service/therapeutensuche). Bei Jugendlichen kann außerdem ein Hinweis hilfreich sein, dass sie ab dem Alter von 15 Jahren auch ohne Kenntnis oder Einverständnis ihrer Eltern eine Psychotherapie in Anspruch nehmen können. Wird externe Hilfe in Anspruch genommen, ist es sinnvoll, sich mit allen Beteiligten möglichst in regelmäßigen Abständen auszutauschen (z. B. in Form von Round-Table-Gesprächen) und eine Kooperation untereinander anzustreben (▶ Kap. 4.5).

4.3 Stärkung von Self-Compassion/Selbstmitgefühl

Das Belastungserleben bei Kindern und Jugendlichen hat sich in den vergangenen Jahren spürbar erhöht (z. B. Reiß et al., 2023). Neben den alltäglichen Dingen erschwert eine ganze Reihe außergewöhnlicher und dauerhafter Bedrohungen den Alltag vieler Schülerinnen und Schüler. Unterschiede in den Kompetenzen zur Bewältigung dieser erlebten Risiken wirken sich daher nachhaltig auf ihr Wohlbefinden aus. Die Fähigkeit, in belastenden Situationen oder bei schmerzhaften Erfahrungen den eigenen psychischen Zustand emotional regulieren zu können, wird durch das sich selbst entgegengebrachte Mitgefühl (Self-Compassion) gestärkt. In Momenten der Angst, Verzweiflung oder Beschämung kann Self-Compassion ein wichtiger Schutzfaktor sein.

Self-Compassion oder Selbstmitgefühl wird anhand von drei Kerndimensionen beschrieben (Neff, 2009):

- Die Freundlichkeit, mit der ich mir selbst bei schwierigen Emotionen begegne, die z. B. in konstruktiven, selbstgerichteten Ge-

danken oder Handlungen sichtbar wird oder in Anstrengungen, mich selbst zu verstehen.
- Zu erleben, dass ich nicht alleine bin mit meinen Sorgen, und die Erkenntnis, dass andere bereits Ähnliches erlebt haben und wir insofern als Menschen stets verbunden sind.
- Die Fähigkeit, meine Bedürfnisse zu erkennen und mit ihnen im Alltag aufmerksam umzugehen.

Diese tröstende Form der selbstgerichteten Fürsorge kann auch gezielt pädagogisch gefördert werden, z. B. indem belastende schulische Situationen aufmerksam registriert und genutzt werden. So ist es bereits eine wirksame Initiative, einen Impuls zu setzen, der beinhaltet, dass es wichtig ist, mir selbst gegenüber freundlich und aufmerksam zu sein, wenn es mir nicht gut geht. Auch eine schulische Beschäftigung mit dem Thema »Selbstmitgefühl« zeigt sich hierfür als wirksames Mittel (Neff et al., 2007). Belastende Erfahrungen, wie sie im z. B. Sportunterricht, im sozialen Klassenverband oder bei Feedbackgesprächen auftreten, sind ein sinnvoller Anlass zur pädagogischen Unterstützung von Self-Compassion. Dies kann in unterschiedlicher Form erfolgen, wie z. B. durch achtsames Registrieren von Emotionen, mitfühlendes Kommentieren oder als freundliche Zuwendung (Dundas et al., 2017, S. 448).

Das Übungsbuch »Selbstmitgefühl« (Germer & Neff, 2022) stellt eine Reihe von Methoden zur Stärkung von Self-Compassion dar, die auch in pädagogischen Arbeitskontexten praktiziert werden können. So kann eine Übung im schulischen Sozialverband durch einen Austausch über erlebte Belastungen und individuelle Wege zu deren Bewältigung umgesetzt werden. Übungen zur Emotionswahrnehmung im Schulalltag erleichtern es, freundlicher mit negativen Gefühlen und bewusster mit positiven Gefühlen umzugehen. Übungen, die das Schreiben eines selbstgerichteten und mitfühlenden Briefs beinhalten, ermöglichen, mehr Verständnis für das eigene Handeln zu artikulieren und sich selbst nicht beschämend, sondern verständnisvoll zu begegnen.

Die positiven Effekte schulischer Förderung von Self-Compassion sind gut belegt. So wird durch Self-Compassion die Kompetenz gefördert, mit den eigenen Fehlern konstruktiver umgehen zu können (Muris et al., 2016). Schülerinnen und Schüler können schulischen Stress durch Self-Compassion leichter bewältigen (Bluth et al., 2015) und pädagogische Feedbacks besser nutzen. Beobachtbar sind zudem eine Steigerung der Lernmotivation (Breines & Chen, 2012) und eine Verbesserung prosozialen Verhaltens, d. h. Self-Compassion wirkt sich auch positiv auf den Umgang mit anderen aus.

4.4 Reduktion schulischer Belastungen

Depressionen können das schulische Erleben und Verhalten negativ beeinflussen (▶ Kap. 2 Pädagogisches Basiswissen). So sind durch die Erkrankung im schulischen Kontext oftmals die Aufmerksamkeit, Konzentration und Informationsverarbeitung beeinträchtigt. Zudem haben Betroffene oft ein Verlust an Selbstvertrauen, ziehen sich von der Klassengemeinschaft zurück und haben wenig oder keine Energie für einfache Alltags- bzw. Schulaktivitäten. Dies kann zu Überforderung, Leistungseinbrüchen und Schulvermeidung führen. Als Lehrkraft ist es dabei wichtig, als Ansprechpartnerin oder -partner für betroffene Schülerinnen und Schüler zur Verfügung zu stehen und, wenn möglich, pädagogische Interventionen zu initiieren. Werden depressive Schülerinnen und Schüler medikamentös behandelt, muss dies auch im Schulalltag berücksichtigt werden. Neben den positiven Auswirkungen können vor allem zu Beginn der Einnahme auch unerwünschte Nebenwirkungen wie Müdigkeit oder Stimmungsschwankungen auftreten. In Zusammenarbeit mit den Sorgeberechtigten und medizinischem Fachpersonal sollte dies engmaschig besprochen werden. Die schulischen Belastungen sowie die Leistungsbewertung können entsprechend der Bedürfnisse der Betroffenen im Rahmen eines Nachteilsausgleichs angepasst werden.

4.4.1 Nachteilsausgleich

Eine Möglichkeit, schulische Belastungen zeitweise zu reduzieren, ist ein Nachteilsausgleich. Grundlage für einen solchen Nachteilsausgleich bei Depressionen stellt der durch die Kultusministerkonferenz (KMK) verankerte Beschluss zur »Inklusiven Bildung von Kindern und Jugendlichen mit Behinderung an Schulen« dar (KMK, 2011). Ein Nachteilsausgleich soll depressive Schülerinnen und Schüler nicht schonen, sondern die durch die Depression bedingten Einschränkungen ausgleichen.

Ziele sind, dass depressive Schülerinnen und Schüler trotz ihrer Beeinträchtigungen erfolgreich lernen, ihre Lernergebnisse zeigen zu können und ein angemessenes Verhältnis von Rücksichtnahme und Forderung im Interesse der Betroffenen erreicht wird (Petersen et al., 2018). Je nach Bundesland sind die Beantragung und Rahmenbedingungen eines Nachteilsausgleichs unterschiedlich. Zusätzlich muss individuell in Absprache mit dem Kollegium, den Erziehungsberechtigten und der betroffenen Schülerin bzw. dem betroffenen Schüler besprochen werden, was im konkreten pädagogischen Rahmen sinnvoll und hilfreich ist. Erforderliches Kriterium ist hierbei, dass die betreffende Schülerin bzw. Schüler die Anforderungen der besuchten Schulart, ggf. mit individueller pädagogischer Unterstützung, längerfristig und ohne Überforderung erfüllen kann (Kimmig, 2014). Nach Petersen et al. (2018) können dies je nach vorherrschender Symptomatik unterschiedliche Vorgehensweisen sein (Tab. 2).

Tab. 2: Depressive Symptome und mögliche pädagogische Vorgehensweisen nach Petersen et al. (2018)

Symptomatik	Mögliches Vorgehen
Traurigkeit, Niedergeschlagenheit	• Aufgaben ohne Zeitdruck anbieten • Aufgaben an individuelle Leistungsfähigkeit anpassen • Freiarbeit ermöglichen

4.4 Reduktion schulischer Belastungen

Tab. 2: Depressive Symptome und mögliche pädagogische Vorgehensweisen nach Petersen et al. (2018) – Fortsetzung

Symptomatik	Mögliches Vorgehen
	• »Aktive-Draußen-Pause« • Bewegungsangebote machen
Interessen- und Freudeverlust, Antriebslosigkeit	• Beteiligung an unterrichtlichen Angeboten • Keine Überzeugungsarbeit leisten • Absprachen treffen, wie am besten gearbeitet werden kann (anderer Raum, Erholungsphasen einbauen, Schulsozialarbeit einbinden, ...)
Vermindertes Denk- und Konzentrationsvermögen	• Orientierung bei Aufgaben geben • Konkrete Instruktionen und Vorgaben machen • Abnahme von bestimmten Entscheidungen • Vereinbarung spezifischer Erholungsphasen (wann, wo, wie lange) • Erinnerungshilfen geben
Sozialer Rückzug	• Bestärkung Aufrechterhaltung sozialer Kontakte • Integration in Klassenverband fördern
Verlust an Selbstvertrauen	• Stärkung Selbstwertgefühl durch individuelle Aufgaben • Äußerung von Anerkennung für Anstrengung • Stärken betonen • Angebot kreativer und gestalterischer Ausdrucksmöglichkeiten
Müdigkeit, Schlafstörung	• Keine Sanktionierung bei Verspätungen • Erhaltung Tagesstruktur in Schule • Individuelle Zeitfenster der Arbeitsfähigkeit akzeptieren • Absprache Arbeitszeiträume • Im Austausch mit Erziehungsberechtigten stehen

Nicht nur der Unterricht, auch Leistungsüberprüfungen können im Rahmen eines Nachteilsausgleichs individuell angepasst werden, zudem sollten Tageszeiten und Medikamentengabe berücksichtigt werden. Möglichkeiten eines Nachteilsausgleichs bestehen dabei im Anbieten von:

- mündlichen oder schriftlicher Leistungsüberprüfungen in Einzelsituationen,
- zeitlichen Alternativen (z.B. Arbeitszeitverlängerung, Pausenausgleich),
- auf mehrere Termine aufgeteilte Leistungsüberprüfungen (ggf. Antrag an Schulaufsicht),
- mündlicher statt schriftlicher Leistungsüberprüfung oder
- schriftlicher statt mündlicher Leistungsüberprüfung.

4.4.2 Dysfunktionales Handeln im Kollegium

Es kann passieren, dass nicht alle Lehrkräfte im Kollegium an einem Strang ziehen, wenn es um den Umgang mit depressiven Schülerinnen und Schülern geht, vor allem hinsichtlich pädagogischer Interventionen und Themen wie Nachteilsausgleich. Dies kann darin begründet liegen, dass fehlendes Wissen oder vorurteilsbelastete Annahmen zu Depressionen im Kindes- und Jugendalter vorliegen und/oder Lehrkräfte sich als nicht zuständig erleben. Auf diese Weise kann für ein effektives, gemeinsames Handeln bei depressiven Entwicklungen ein großes Hindernis entstehen. Hilfreich kann es sein:

- Lehrkräfte durch psychoedukative Fortbildungen zu Depressionen (und anderen psychischen Erkrankungen) zu sensibilisieren und über das Thema aufzuklären (z.B. im Rahmen eines Schulentwicklungstages),
- eine offene Kommunikation und Informationsaustausch zum Thema zu führen und andere Perspektiven dabei zu respektieren, zu hinterfragen und konstruktives Feedback zu geben,

4.4 Reduktion schulischer Belastungen

- klare Richtlinien an der Schule festzulegen, die den Umgang mit depressiv erkrankten Schülerinnen und Schülern beschreiben und auf die sich bezogen werden kann,
- kollegiale Beratung einzurichten und dysfunktional agierende Lehrkräfte zu ermutigen. sich zu beteiligen,
- Verantwortlichkeiten und Konsequenzen festzulegen, falls Lehrkräfte trotz Bemühungen der Edukation weiterhin sehr unkooperativ sind und/oder sehr stigmatisierendes oder anders dysfunktionales Verhalten Betroffenen gegenüber zeigen und ggf. die Schulleitung, die Schulsozialarbeit und den Schulpsychologischen Dienst mit einzubeziehen.

Der Umgang mit unkooperativen oder dysfunktional handelnden Lehrkräften ist ein individuelles und komplexes Problem. Vor allem die kontinuierliche Weiterbildung des Kollegiums und die Unterstützung der Schulleitung können dabei helfen, ein akzeptierendes und inklusives Schulumfeld für Schülerinnen und Schüler mit Depressionen zu schaffen.

4.4.3 Leistungsrückmeldung

Schülerinnen und Schüler mit Depressionen haben häufig ein niedriges Fähigkeitsselbstkonzept. Das bedeutet, sie trauen sich wenig zu und schätzen ihre (schulischen) Fähigkeiten als gering ein (z. B. »Ich bin dumm«). Nehmen im Zuge einer depressiven Entwicklung die schulischen Leistungen ab und werden diese entsprechend rückgemeldet, können negative Feedbackschleifen entstehen. Beispielsweise könnte eine Schülerin oder ein Schüler in einem Vokabeltest durch eine depressiv bedingte verminderte Merkfähigkeit schlechter abschneiden als sonst. Wird dies entsprechend durch die Lehrkraft zurückgemeldet (»Das bin ich aber anders gewohnt, diesmal ist der Test aber ganz schön schlecht gewesen.«) und ist das Fähigkeitsselbstkonzept der Schülerin oder des Schülers gering (»Ich kann gar nichts!«), kann die negative Bewertung der eigenen Fähigkeiten verstärkt werden und eine Abwärtsspirale entstehen. Das Ziel einer pädagogischen Leistungsrückmeldung sollte daher eine Unterbrechung dieses Teufelskreises sein. Es kann dabei hilfreich sein, die Anstrengung des Schülers bzw. der Schülerin als Einflussfaktor der Schulleistung zu betonen (»Ich habe gesehen, dass du dich während des Tests sehr angestrengt hast.«). Grund hierfür ist, dass die Anstrengung unabhängig von der Einschätzung der eigenen Fähigkeiten von der Schülerin oder dem Schüler beeinflusst werden kann. Mehr Informationen zu Attributionen finden sich beispielsweise bei Ziegler et al. (2001).

4.4.4 Reintegration nach Klinikaufenthalt

Werden depressive Schülerinnen und Schüler stationär in einer Kinder- und Jugendpsychiatrie behandelt, ist die Wiedereingliederung in die Heimatschule ein zentraler prognostischer Faktor für die weitere schulische und soziale Entwicklung (Hirsch-Herzogenrath & Schleider, 2014). Häufig ist diese schulische Reintegration jedoch problembehaftet; erschwert wird sie durch:

- unangemessen vorbereitete Schulversuche,
- eine fehlende Schweigepflichtentbindung der Erziehungsberechtigten und dadurch erschwerte Kommunikation zwischen Klinik und Schule,
- fehlendes Wissen über den Umgang mit Depressionen im Kollegium,
- falsche Annahmen über stationäre Aufenthalte in Kinder- und Jugendpsychiatrien (z.B. dass Schülerinnen und Schüler danach »gesund« sind),
- unzureichende Vorbereitung der Schülerin bzw. des Schülers, der Eltern und der Schule bezüglich der Rückkehr an die Stammschule,
- fehlende Kooperation zwischen Klinik und Schule in der ersten Zeit nach der Entlassung,

4.4 Reduktion schulischer Belastungen

- Stigmatisierung und Ausgrenzung betroffener Schülerinnen und Schüler,
- Mobbing durch Mitschülerinnen und Mitschüler wegen des Klinikaufenthaltes.

Bei der Reintegration depressiv erkrankter Schülerinnen und Schüler kann sich nach an folgenden Aspekten orientiert werden, die es zu beachten gilt (Hirsch-Herzogenrath & Schleider, 2014):

- Beratung der betroffenen Schülerinnen und Schüler und ihrer Erziehungsberechtigten durch die Klinikschule bezüglich einer Reintegration in die Stammschule,
- Kooperation der am Reintegrationsprozess Beteiligten zur Gewährleistung des schulischen Förderprozesses und einer aktiven Übergangsgestaltung; dabei auch Beratung der Stammschule durch die Klinikschule zum Abbau von stigmatisierten Annahmen und individuelle Vorbereitung rückkehrender Schülerinnen und Schüler.

Unter Einbezug erster empirischer Studien zum Thema leiten Hirsch-Herzogenrath und Schleider (2014) Phasen zur Optimierung des Reintegrationsprozesses psychisch erkrankter Schülerinnen und Schüler ab, an denen sich auch bezogen auf Depressionen orientiert werden kann (▶ Tab. 3).

Tab. 3: Phasen zur Optimierung des Reintegrationsprozesses (eigene Tabelle nach Hirsch-Herzogenrath & Schleider, 2014)

Phase	Inhalte
Phase 0: **Schaffung günstiger Vorbedingungen**	• Verbesserung der Aus- und Weiterbildung der Lehrkräfte zu Depressionen; Supervisionsangebote für herausfordernde Einzelfälle • Förderung eines positiven Klassenklimas; Psychoedukation aller Schülerinnen und Schüler

Tab. 3: Phasen zur Optimierung des Reintegrationsprozesses (eigene Tabelle nach Hirsch-Herzogenrath & Schleider, 2014) – Fortsetzung

Phase	Inhalte
Phase 1: Planung und Vorbereitung der Reintegration	• Schaffung angemessener struktureller und schulorganisatorischer Voraussetzungen (Ansprechpersonen, Handlungsabläufe, etc.) • Beratung der Erziehungsberechtigten durch die Klinikschule • Vorbereitung und Beratung der betroffenen Schülerin bzw. bzw. Schülers (Schulversuche, Probeunterricht, Einzelberatung) • Kooperation der beteiligten Fachkräfte (z. B. »Round-Table-Gespräch«) mit Festlegung konkreter Reintegrationsabläufe
Phase 2: Durchführung und Reintegration	• Kontinuierliche Kooperation Fachkräfte mit Rücksprachen und ggf. Anpassung der Maßnahmen • Weiterführung Beratung betroffener Schülerinnen und Schüler sowie Erziehungsberechtigten
Phase 3: Nachsorge und Evaluation	• Weiterführung Kooperation Klinikschule und Stammschule in größeren Zeitabständen unter Berücksichtigung stationärer Aufenthaltsdauer • Evaluation des Reintegrationsprozesses: Erfolg, Probleme und Fehler mit Konsequenzen für Planung, Durchführung und Evaluation zukünftiger Reintegrationsprozesse

Wie konkret diese Phasen jeweils umgesetzt werden können, muss individuell überprüft werden. Zentral ist jedoch die interdisziplinäre Kooperation aller Beteiligten, um eine erfolgreiche Reintegration zu ermöglichen und die weitere Entwicklung Betroffener bestmöglich zu unterstützen.

4.5 Schulentwicklung und kollegiale Kooperation

Für eine bestmögliche und effektive schulische Begleitung und Unterstützung der Schülerinnen und Schüler mit Verdacht auf eine depressive Entwicklung müssen involvierte Kolleginnen und Kollegen angemessen kommunizieren und zusammenarbeiten. Dies bezieht sich auf:

- Gespräche im Kollegium, wenn Auffälligkeiten bei Schülerinnen und Schülern zutage treten (▶ Kap. 3.3 Gespräche im Kollegium),
- Absprachen bezüglich der Kontakte mit dem betroffenen Schüler bzw. Schülerin und den Erziehungsberechtigten (▶ Kap. 3.4 Gesprächsangebot für Betroffene und Bezugspersonen),
- Planung, Durchführung und Evaluation pädagogischer Initiativen,
- Interdisziplinäre Kooperation mit anderen Fachleuten (z. B. Schulpsychologischer Dienst, Kinder- und Jugendpsychiatrien)

Wissensstände zum Thema Depression sind innerhalb des Kollegiums einer Schule häufig sehr unterschiedlich, was eine effektive Zusammenarbeit erschweren kann. Sinnvoll ist hier, das Kollegium im Rahmen psychoedukativer Fortbildungen oder durch Informationsbroschüren (siehe Anhang: Information für das Kollegium) bezüglich grundlegenden Wissens über Depressionen im Kindes- und Jugendalter weiterzubilden. Ziel einer Weiterbildung des Kollegiums ist hierbei nicht nur die Wissensvermittlung; es sollten auch stigmatisierende Annahmen zu depressiven Entwicklungen im Kindes- und Jugendalter (z. B. »Die Schülerin bzw. der Schüler sollte sich einfach zusammenreißen«) thematisiert werden. Bezogen auf konkrete Handlungsschritte ist es sinnvoll, wenn schulweit geltende und im Kollegium bekannte Absprachen zum Umgang mit depressiven Schülerinnen und Schülern vorliegen, um ein effektives und zielgerichtetes Handeln zu gewährleisten. Es sollte unter anderem klar sein, wer die Initiative bei Elterngesprächen übernimmt und wie die Informationsweitergabe im Laufe pädagogischer Interventionen abläuft. Wichtig ist zudem, dass Ansprechpersonen wie Beratungslehrkräfte, die Schulsozialarbeit und der Schulpsychologische Dienst mit den jeweiligen Zuständigkeiten und Ansprechoptionen im Kollegium bekannt sind.

Für die Planung pädagogischer Initiativen bietet es sich an, im Austausch mit allen Beteiligten (z.B. als Round-Table-Gespräch) festzulegen, welche Maßnahmen individuell sinnvoll und geeignet sind (▶ Kap. 4.4 Reduktion schulischer Belastungen). Die Ziele, Verantwortlichkeiten und Ergebnisse pädagogischer Initiativen können auf dem in Kapitel 3.1 (▶ Kap. 3.1) vorgestellten Dokumentationsbogen festgehalten werden. Dabei sollte vor allem geklärt werden, *wer wann was* macht. Wichtig ist zudem, dass der Austausch aller Beteiligten kontinuierlich ist und es regelmäßig Feedback darüber gibt, ob die Initiativen erfolgreich sind und diese gegebenenfalls anzupassen. (Für weitere Informationen zur Reintegration betroffener Schülerinnen und Schüler nach einem Aufenthalt in einer Kinder- und Jugendpsychiatrie ▶ Kap. 4.4 Reduktion schulischer Belastungen).

Kommt im Austausch mit Kolleginnen und Kollegen der Verdacht auf, dass eine Schülerin bzw. ein Schüler akut gefährdet ist, muss direkt die Schulleitung informiert werden (bei suizidaler Gefährdung ist eine direkte psychiatrische Abklärung erforderlich, ▶ Kap. 4.7 Umgang mit Verdacht auf Suizidalität). In diesem Falle tritt die Offenbarungspflicht ein, welche die Weitergabe fachlich relevanter Informationen innerhalb des Kollegiums ohne Schweigepflichtentbindung ermöglicht. Findet eine psychiatrische Abklärung statt und wird dabei eine Depression diagnostiziert, sollte dennoch eine Schweigepflichtentbindung der Erziehungsberechtigten eingeholt werden. Dies gewährleistet eine effektive Kommunikation innerhalb und außerhalb des schulischen Umfeldes.

4.6 Bewältigung von Passivität und Rückzug

Wenn Schülerinnen und Schüler mit depressiven Entwicklungen seltener als früher Aktivitäten nachgehen, die ihnen bislang Freude bereitet haben, und soziale Kontakte stark reduziert sind (▶ Kap. 2 Pädagogisches Basiswissen), ist das für die Betroffenen meistens sehr belastend. Schließlich reduzieren sich dadurch die Momente, in denen positive Emotionen wie Freude oder Stolz erlebt werden. Zudem verstärkt die zunehmende soziale Isolation auch das Gefühl, mit Problemen und negativen Gedanken alleine zu sein. Hinzu kommt, dass Kontakte mit anderen immer auch Möglichkeiten darstellen, positive Reaktionen zu erhalten – diese können von einem freundlichen Blickkontakt über ein Lächeln bis hin zu einem guten Gespräch reichen; ziehen sich Schülerinnen und Schüler mit Depressionen zurück, fallen auch diese positiven Reaktionen weg (Lewinsohn, 1974).

Das Rückzugsverhalten wirkt sich also insgesamt negativ auf die Stimmung aus und trägt in der Folge zu einer Aufrechterhaltung der Depression bei (Hoyer & Teismann, 2020). Betroffene dabei zu unterstützen, selbst wieder aktiv zu werden, und der Passivität entgegenzuwirken, ist daher ein hilfreicher Ansatz und kann bemerkenswert positive Auswirkungen auf die Stimmung und das psychische Wohlbefinden haben (z. B. Martin & Olliver, 2019). Das Ziel dieser sogenannten Verhaltensaktivierung ist es also, den Zusammenhang von Verhalten und Stimmung positiv zu nutzen, indem die Betroffenen Routineverhalten, das zu einer Verschlechterung der Stimmung führt, reduzieren und stattdessen wieder aktiv Tätigkeiten planen und umsetzen, die zu einer Verbesserung der Stimmung führen.

4.6.1 Umsetzung von Verhaltensaktivierung in der Schule

Wenngleich die hier vorgestellte Vorgehensweise nicht darauf abzielt, eine therapeutisch eingebettete Verhaltensaktivierung zu ersetzen, kann die Umsetzung verhaltensaktivierender Elemente im pädagogischen Rahmen ein überaus hilfreicher Ansatz sein. Sie kann beispielsweise eine eventuell stattfindende Psychotherapie begleiten oder Schülerinnen und Schüler unterstützen, die – aus welchen Gründen auch immer – keine therapeutische Hilfe erhalten. Die Methode ist u. U. deshalb so empfehlenswert, weil sie relativ simpel anzuwenden ist und auch positive Effekte mit sich bringt, wenn sie von ungeübten Personen angewendet wird (Richards et al., 2017).

Das Hauptaugenmerk sollte dabei darauf liegen, Verhaltensweisen zu identifizieren und zu reduzieren, die zu einer Aufrechterhaltung der depressiven Stimmung führen (und daher ungünstig sind), und gleichzeitig Verhaltensweisen vermehrt auszuführen, die sich positiv auf die Stimmung auswirken (die also günstig sind). Solche günstigen Aktivitäten, die sich für eine Verhaltensaktivierung eignen, können zum einen Dinge sein, die den Betroffenen Spaß machen (z. B. Hobbies wie Tanzen oder Fußball spielen); zum anderen können es aber auch Alltagstätigkeiten sein, die zwar möglicherweise nicht angenehm sind, aber zu den Pflichten gehören (z. B. das Erledigen von Hausaufgaben oder Aufräumen). Denn auch das »Abhaken« lästiger Tätigkeiten wirkt sich in der Regel positiv auf die Stimmung aus, weshalb diese auch für eine Verhaltensaktivierung berücksichtigt werden sollten (Hoyer & Teismann, 2020).

4.6.2 Stimmungsprotokoll als Grundlage

Die Erkenntnis, dass unser Verhalten Einfluss auf unsere Stimmung hat, spielt für die Bewältigung von Passivität und Rückzug eine wichtige Rolle. In einem Vorgespräch kann dieser Zusammenhang zwar erklärt werden; noch effektiver ist es jedoch, wenn Schülerinnen und Schüler ihn selbst erkennen. Dazu kann ein Stimmungs-

4.6 Bewältigung von Passivität und Rückzug

protokoll angelegt werden: In einer Art Tagebuch beschreibt die Schülerin bzw. der Schüler für einen festgelegten Zeitraum (z. B. zwei Wochen) in verschiedenen Situationen (diese sind die Auslöser für bestimmtes Verhalten) ihr bzw. sein Verhalten sowie die darauffolgende Stimmung. Eine Tabelle ist dafür ein geeignetes Format (▶ Tab. 4). Wichtig dabei ist:

- Das Stimmungsprotokoll sollte im festgelegten Zeitraum kontinuierlich geführt werden (keine Selektion bestimmter Situationen/ Verhaltensweisen).
- Für die Dokumentation sollte eine passende Form festgelegt werden, z. B. das Beurteilen der Stimmung mithilfe einer Kurzbeschreibung und einer Skala von 1 (sehr schlecht) bis 10 (sehr gut).
- Die Schülerin bzw. der Schüler muss die Dokumentation ggf. üben; insbesondere die Balance zwischen nicht zu ungenauer und nicht zu detailreicher Beschreibung von Situationen und Verhalten muss gefunden werden.

Tab. 4: Beispiel für ein Stimmungsprotokoll

(A) Situation/ Auslöser	(B) Verhalten	(C) Stimmung
Fühlte mich am Nachmittag schlecht	Bin nicht zum Reitunterricht gegangen	Stimmung eher schlecht. Hat sich durch Absage des Reitens nicht verbessert. Angabe auf Stimmungsskala (1–10): 3
Sarah (Mitschülerin) hat gefragt, ob wir gemeinsam lernen wollen.	Habe, obwohl es mir nicht leicht fiel, zugesagt und mich mit ihr getroffen.	War gut, mit jemanden zusammen zu sein. Angabe auf Stimmungsskala: 7
...	...	...

4.6.3 Aktivitätenplanung

Anschließend gilt es, gemeinsam mit den betroffenen Kindern und Jugendlichen individuelle Aktivitäten zu planen. Meistens ist es sinnvoll, dies in Form eines Wochenplans zu tun, d.h. es wird für die jeweils kommende Woche ein möglichst detaillierter Plan erstellt mit bestimmten Aktivitäten und den dazugehörigen Zeitpunkten, die die Schülerin bzw. der Schüler umzusetzen plant. Das Stimmungsprotokoll sollte auch hier fortgeführt werden, um möglichst auch die positiven Auswirkungen bestimmter Verhaltensweisen zu dokumentieren. Zu den Aktivitäten können sehr unterschiedliche Tätigkeiten zählen, z. B.:

- Aktivitäten, die den Betroffenen früher Spaß gemacht haben, die aber lange nicht mehr aufgegriffen wurden (z. B. zum Sporttraining gehen),
- Dinge, die als angenehm empfunden werden (z. B. Eis essen mit einer Freundin oder einem Freund),
- Aktivitäten, die den Werten der Betroffenen entsprechen (z. B. Laufen gehen, weil man gern sportlich sein möchte),
- neutrale oder auch unangenehme Tätigkeiten, die erledigt werden müssen (z. B. Hausaufgaben machen).

Zwischen diesen Aktivitäten sollte eine gute Balance herrschen (Hoyer & Teismann, 2020). Zudem sollte darauf geachtet werden, dass genügend Aktivitäten mit einem sozialen Bezug geplant werden, bei denen die Betroffenen Kontakt zu anderen aufbauen oder pflegen. Es geht bei der Verhaltensaktivierung vor allem darum, dass die Betroffenen wieder aktiv werden; sie sollten also ermutigt werden, auch einmal neue Dinge auszuprobieren und nicht zu viel zu überlegen und zu grübeln. Ein wichtiger Grundsatz ist es, die Stimmung nicht als Grund zuzulassen, geplante Aktivitäten nicht auszuführen (»Handle nach Plan, nicht nach Stimmung!«). Gelingt die Umsetzung oder auch zumindest der Versuch, sind Lob und ggf. auch andere Belohnungen als positive Verstärker angemessen. Wenn Vermeidungsverhalten erkennbar ist, sollte dies direkt besprochen werden, um die Hindernisse zu identifizieren und zu erarbeiten, wie diese überwunden werden können.

4.6.4 Weitere Informationen zur Verhaltensaktivierung

Eine Herausforderung besteht oftmals darin, Betroffene für die Teilnahme zu motivieren, da das Vermeidungsverhalten auch hier im Wege stehen kann. Davon sollte man sich nicht entmutigen lassen: Mit realistischen Zielen und kleinen angestrebten Veränderungen fällt der Anfang oft leichter. Für die Verhaltensaktivierung gilt der Grundsatz »Probieren geht über Studieren!«.

Ein individuelles, schrittweises und längerfristig angelegtes Vorgehen aus (1) Vorgespräch, (2) Stimmungsprotokoll und (3) Aktivitätenplanung ist optimal. Im Schulalltag wird dies aber mitunter schwierig sein; dann lassen sich anstelle eines individuellen Vorgehens Elemente der Verhaltensaktivierung u. U. mit der ganzen Klasse umsetzen. So können Schülerinnen und Schüler beispielsweise zum Ausprobieren ermuntert werden, indem das Protokollieren von Verhalten und Stimmung als Experiment oder als Hausaufgabe angeleitet wird. Auch das Planen von Aktivitäten lässt sich mit der ganzen Klasse umsetzen (z. B. als Hausaufgabe: »Für die nächste Woche nehme ich mir die folgenden drei Dinge vor.«).

Liegen Hinweise auf Suizidalität oder Substanzmissbrauch vor, gilt auch hier: externe Hilfe anfordern und von einer Verhaltensaktivierung absehen (▶ Kap. 4.7 Umgang mit Verdacht auf Suizidalität)!

4.7 Umgang mit Verdacht auf Suizidalität

4.7.1 Hintergrund

Suizidales Verhalten (Gedanken, Pläne, Handlungen) tritt bei Kindern und Jugendlichen nicht selten auf. Grund hierfür ist aber meistens nicht der Wunsch, tatsächlich zu sterben, sondern in der aktuellen Lebenssituation nicht mehr weiterleben zu wollen. Diese Krisen können mit dem (Nicht-)Meistern von Entwicklungsaufgaben, erlebten Enttäuschungen, Mobbing, aber auch mit psychischen Störungen wie Depressionen zusammenhängen.

Suizidalität umfasst dabei sämtliche Gedanken und Handlungen, die mit der Absicht verbunden sind, das eigene Leben zu beenden (Chehil & Kutcher, 2013). Während Suizidgedanken vor allem bei Jugendlichen recht häufig vorkommen, sind Suizidversuche und tatsächliche Suizide deutlich seltener. Trotzdem stellen Suizide die zweithäufigste Todesursache bei Jugendlichen dar (Statistisches Bundesamt, 2021). Suizide im Kindesalter sind äußerst selten, doch mit dem Älterwerden nimmt auch die Zahl suizidaler Handlungen zu. Besonders hoch ist diese Rate bei jungen Erwachsenen im Alter von 15 bis 25 Jahren. Während weibliche Jugendliche häufiger Suizidversuche unternehmen, versterben männliche Jugendliche häufiger durch Suizid. Gründe hierfür können in geschlechtsspezifischen Sozialisationseinflüssen wie unterschiedlichen Rollenzuschreibungen liegen. So lösen männliche Jugendliche ihre Konflikte häufiger durch externalisierendes (u.a. aggressives) Verhalten, leben riskanter als ihre weiblichen Peers und wählen »härtere« Suizidmethoden (Bründel, 2015).

Depressionen sind mit einem deutlich erhöhten Suizidrisiko verbunden. So litten über 90 Prozent durch Suizid Verstorbener an einer psychischen Erkrankung, am häufigsten dabei unter einer Depression (Cavanagh et al., 2003). Wechselseitige Zusammenhänge zwischen Depressionen und Suizidalität bestehen dabei in negativen, dysfunktionalen Gedanken. Depressive Jugendliche empfinden ihr Leben häufig als sinnlos und ihre aktuelle Situation als ausweglos. Es können zudem Gefühle der Einsamkeit, Isolation und Verzweiflung auftreten. Risikofaktoren für suizidales Verhalten sind in verschiedenen Lebensbereichen zu finden. Dabei können Belastungen im familiären Umfeld, wie Trennung oder Scheidung der Eltern oder die psychische Erkrankung eines Elternteils, eine Rolle spielen. Auch suizidales Verhalten im Freundes- und Familienkreis stellt durch einen potenziellen Nachahmungseffekt einen Risikofaktor dar. Trotz der kontrovers diskutierten Rolle der Schule in der Entstehung von suizidalem Verhalten kann davon ausgegangen werden, dass das schulische Umfeld einen Risikofaktor darstellen kann. Kinder und Jugendliche können beispielsweise mit der Belastung, die aus Notengebung, Leistungsdruck und Disziplinarmaßnahmen resultieren, nicht immer angemessen umgehen. Zudem kann Mobbing und Cybermobbing suizidales Verhalten begünstigen (Becker & Correll, 2020; van Geel et al., 2014). Es sei an dieser Stelle darauf hingewiesen, dass die Ursachen für Suizidalität dennoch meistens tiefer liegen und im Zusammenhang einer insgesamt negativen Entwicklung gesehen werden müssen.

4.7.2 Alarmsignale

Die nachfolgenden Punkte *können* auf eine mögliche Suizidalität hindeuten (Müller & Preuß, 2017).

Allgemeine Alarmsignale:

- Leistungseinbruch, Abnahme von Motivation und Konzentration
- Sozialer Rückzug und Isolation
- Gleichgültigkeit, Traurigkeit, Verlust von Freude
- Häufiges Weinen
- Interessenverlust (z. B. an Hobbies, die früher Spaß gemacht haben)
- Schuldgefühle, Versagensängste, Hoffnungslosigkeit
- Energielosigkeit, Müdigkeit, Abgeschlagenheit
- Aggressives Verhalten sich selbst und anderen gegenüber

4 Pädagogische Initiativen

- Substanzmissbrauch
- Exzessiver Konsum von Computerspielen
- Schulvermeidung
- Psychosomatische Beschwerden
- Änderung im Schlafverhalten/Gewichtszunahme oder -abnahme

Spezifische Alarmsignale:

- Indirekte verbale Äußerungen über suizidale Inhalte (z. B. »Ich kann nicht mehr.«/»Ich weiß nicht mehr weiter.«/»Es hat alles keinen Sinn.«/»Es ist eh alles egal.«/»Am liebsten wäre ich nicht mehr da.«)
- Schriftliche oder symbolische Äußerungen (z. B. Abschiedsbriefe, Verschenken liebgewonnener Gegenstände, Zeichnen von Todessymbolen)
- Auffälliges Interesse für Todesthematik
- Gerüchte oder Berichte, die von Mitschülerinnen und Mitschülern erzählt werden
- Selbstgefährdendes Verhalten (z. B. Ritzen, riskantes Verhalten, provozierte Unfälle, etc.)

Wann wird es kritisch?

- Mehrere Alarmsignale treten gleichzeitig oder einzelne besonders stark auf
- Verschiedene Alarmsignale treten über längere Zeit ohne Unterbrechung auf
- Alarmsignale sind nicht erklärbar, z. B. als kurzzeitige Reaktion auf belastende Situation
- Der Alltag kann wegen der auftretenden Alarmsignale nur noch schwer oder gar nicht mehr bewältigt werden

Dies können auch Hinweise für eine andere psychische Krisensituation sein, die einer Unterstützung bedarf. Je nach Alter und Entwicklung können unterschiedliche Hinweise auftreten, zudem bedeutet das Auftreten einzelner Alarmsignale nicht unmittelbar eine psychische oder suizidale Krise. Normales pubertäres Erleben und Verhalten und eine kritische Entwicklung sind oft nicht klar voneinander zu trennen, so können viele der genannten Alarmsignale auch im Rahmen jugendlicher Entwicklung vorkommen. In diesem Fall sollten betroffene Schülerinnen und Schüler weiter beobachtet werden, es sollte versucht werden, mit ihnen ins Gespräch zu kommen und ein Austausch im Kollegium erfolgen.

4.7.3 Verhalten als Lehrkraft

Es ist nicht Aufgabe einer Lehrkraft, Suizidalität zu diagnostizieren. Lehrkräfte sehen ihre Schülerinnen und Schüler aber häufig und haben einen besonderen Kontakt zu ihnen, sodass sie krisenhafte Veränderungen in deren Lebenssituation erkennen können. Da diese sich jedoch oft allmählich entwickelt, sollten Lehrkräfte auf Veränderungen bei ihren Schülerinnen und Schülern achten und diese ernst nehmen. Damit Gefährdete sensibel erkannt werden können, braucht es eine Auseinandersetzung mit dem Thema, z.B. in Form von Fortbildungen, um falsches Wissen zu überprüfen. Dass Gesprächs- und Kontaktangebote das Suizidrisiko steigern können, ist beispielsweise ein *falscher Mythos*. Das Gegenteil ist der Fall – Angebote zu einem Gespräch werden oftmals dankend angenommen, schaffen Erleichterung und können zentral in der Abklärung der Gefährdung sein (Bründel, 2015). Werden Hinweise zu suizidalem Verhalten bekannt, sollte aktiv das Gespräch gesucht werden, denn im Schulalltag kann es leicht dazu kommen, dass diese Hinweise »untergehen« oder nicht weiterverfolgt werden, z.B. aus Angst, falsch zu handeln, oder durch die Annahme, dass sich jemand anderes darum kümmern wird. Natürlich besteht die Möglichkeit eines »Fehlalarms«, wenn man aktiv wird – allerdings ist dies hinsichtlich möglicher suizidaler Krisen hinzunehmen, da es bei einer Nicht-Reaktion schnell zu einer Eskalation der Situation kommen kann. Im

Folgenden soll spezifisch auf Gesprächssituationen mit potenziell suizidalen Schülerinnen und Schülern eingegangen werden.

Für die Planung des Gesprächs kann es hilfreich und sinnvoll sein, weitere Informationen und Beobachtungen aus dem Kollegium einzuholen (▶ Kap. 3.3 Gespräche im Kollegium). Ziele eines Gespräches sollten die Abklärung des Vorliegens von suizidalen Gedanken und Plänen sowie deren Dringlichkeit sein (▶ Kap. 4.7.4 Verhalten bei akuter Suizidalität). Zudem sollten Ressourcen und Unterstützungsmöglichkeiten erfragt und das weitere Vorgehen besprochen werden. Vor dem Gespräch muss die eigene Handlungsfähigkeit eingeschätzt werden; bei Unsicherheiten oder der Überschreitung eigener Grenzen kann es sinnvoll sein, eine zweite Person für das Gespräch hinzuzuziehen (z.B. Beratungslehrkraft, Schulsozialarbeit) bzw. das Gespräch durch eine externe Fachperson durchführen zu lassen. Von einem ersten Gespräch sollte nicht zu viel erwartet werden, oft macht es Sinn, mehrere Gespräche anzubieten. Im Gespräch selbst darf *keine* Verschwiegenheit versprochen werden (keinesfalls: »Was wir hier besprechen, verlässt nicht den Raum.«), sondern erwähnt werden, dass bei Hinweisen auf eine Gefährdung die Erziehungsberechtigten oder andere Hilfestellen informiert werden müssen. Wichtig ist es, ruhig zu bleiben, aufmerksam zuzuhören und die Schülerin bzw. den Schüler ernst zu nehmen. Es kann hilfreich sein, die eigenen Motive und den Wunsch zu helfen zu benennen (z.B. »Ich mache mir Sorgen um dich.«). Konkrete Nachfragen, ob die Schülerin bzw. der Schüler daran gedacht hat, sich das Leben zu nehmen, können und sollten gestellt werden (▶ Tab. 5). Ziel ist keine Diagnose, sondern gegebenenfalls die Weitervermittlung und das Aufzeigen von interner Hilfe (z.B. Schulpsychologischer Dienst) oder externer Hilfe (z.B. Beratungsstellen, Kinder- und Jugendpsychiatrie). Einen guten Überblick über regionale Beratungsstellen und Online-Angebote bieten www.suizidprophylaxe.de sowie www.youth-life-line.de.

Zudem kann es sinnvoll sein, die Schülerin bzw. den Schüler in der konkreten Situation auch auf vorhandene Ressourcen anzusprechen und gemeinsam zu überlegen, wie sie bzw. er in schwierigen Situa-

4.7 Umgang mit Verdacht auf Suizidalität

tionen und mit negativen Gefühlen umgehen kann (z.B. »Was lenkt dich in solchen Situationen gut ab?«).

Tab. 5: Fragen, die bei Verdacht auf mögliche Suizidalität in einem abklärenden Gespräch gestellt werden können (Bründel, 2015; Müller & Preuß, 2017; Weinhardt & Kansteier-Schänzlin, 2006)

Fragenbereich	Beispielfragen
Fragen zu Suizidalität	• »Hast du schon einmal daran gedacht, dich selbst zu töten?« • »Wie oft hast du diese Suizidgedanken/-vorstellungen?«/»Seit wann bestehen sie?« • »Hast du schon Vorbereitungen getroffen?« • »Wie würdest du konkret vorgehen?« • »Wann möchtest du es tun?«/»Kennst du schon einen konkreten Ort?« • »Wer weiß darüber Bescheid?«
Fragen zu Ressourcen	• »Gibt es auch Dinge, die dich am Leben halten?« • »Wer kann dir helfen?«/»Mit wem kannst du sprechen?« • »Was hat dir bisher in schwierigen Situationen geholfen?«/»Was könntest du tun, wenn es dir wieder schlecht geht?« • »Was machst du gerne?«/»Was tut dir gut?«/»Was lenkt dich von schlechten Gefühlen ab?« • »Was müsste sich ändern, damit es dir wieder bessergeht?«

Nicht hilfreich hingegen ist es,

- Vorwürfe zu machen (z.B. »Wie kannst du nur sowas denken!«),
- über den Sinn von suizidalem Verhalten zu reden,
- Schuldgefühle zu vermitteln (z.B. »Du hast es doch so gut.«),
- die Sorgen des Schülers bzw. der Schülerin kleinzureden (z.B. »Das ist doch alles nicht so schlimm.«),
- schnell viele Ratschläge und Tipps zu erteilen (erzeugt noch mehr Druck),
- in übermäßigen Aktionismus zu verfallen,
- das Gespräch durch die Schülerin bzw. den Schüler beenden zu lassen, ohne weitere Absprachen getroffen zu haben.

4 Pädagogische Initiativen

Wird ein abklärendes Gespräch durch die Lehrkraft selbst geführt, sollte dieses dokumentiert und mit einer weiteren Person (z. B. Kollegin bzw. Kollege, Schulsozialarbeit, Schulleitung) reflektiert werden (▶ Kap. 3.1 Pädagogische Dokumentation). Die Schulleitung muss dabei informiert werden, ebenso sind die Erziehungsberechtigten unmittelbar zu informieren und zu einem unverzüglichen Gespräch einzuladen. Bei unklaren oder schwierigen Situationen (z. b. Erziehungsberechtigte sind nicht erreichbar, keine Zustimmung zu psychiatrischer Abklärung, Verdacht auf Kindeswohlgefährdung) kann durch Einbezug des Jugendamtes auch eine Inobhutnahme in eine Fachklinik erfolgen (siehe § 42 Kinder- und Jugendhilfegesetz).

In Absprache aller Beteiligten muss weitergehend entschieden werden, wie das weitere Vorgehen ist (z. B.»Round-Table-Gespräch«). Es sollte eine Ansprechperson für die Familie und andere Hilfestellen (z. B. Kinder- und Jugendpsychiatrie) benannt werden. Zudem sollten die Mitschülerinnen und Mitschüler der bzw. des Betroffenen berücksichtigt werden, um unangemessene Reaktionen im schulischen Umfeld und in sozialen Netzwerken zu vermeiden. Eine fachärztliche Abklärung muss durch die Erziehungsberechtigten veranlasst werden, bei akuter Gefährdung ist der Notruf zu verständigen. Notfallpläne bzw. Notfallordner sollten an jeder Schule vorhanden sein, um in Krisensituationen schnell, professionell und effektiv handeln zu können sowie Chaos, Handlungslähmung und überstürztes Handeln zu vermeiden. Enthalten sollten Checklisten, Telefon- und Erreichbarkeitslisten sowie Muster für Elternbriefe sein. Weiterhin sollte bekannt sein, *wer wann für was* zuständig ist und wie konkret vorgegangen wird. Ein Beispiel stellt der »Handlungsleitfaden Umgang mit suizidalen Krisen und Suizidprävention an Bielefelder Schulen« dar (Müller & Preuß, 2024).

4.7.4 Verhalten bei akuter Suizidalität

In einer unmittelbaren Gefährdungssituation, beispielsweise wenn die Schülerin bzw. der Schüler angibt, bereits konkrete Suizidpläne

(Ort, Datum, Methode) sowie den Zugang zu Medikamenten oder Waffen zu haben, muss sofort der Notruf gewählt werden. In diesem Fall darf die Schülerin bzw. der Schüler nicht allein gelassen und muss von Mitschülerinnen und Mitschülern abgeschirmt werden. Die Erziehungsberechtigten müssen, vorausgesetzt es entsteht keine weitere Gefährdung hierdurch, unmittelbar kontaktiert werden.

4.7.5 Verhalten als Schule

In *Gatekeeper-Programmen* werden Erwachsene, welche mit Schülerinnen und Schülern Kontakt haben (z. B. Eltern, Lehrkräfte, Schul- und Kantinenpersonal, Sozialpädagoginnen und -pädagogen) über das Thema Suizidalität geschult. Ziel ist es, dass sie sowohl als »Einfallstor« gefährdete Jugendliche erreichen und zum anderen als »Auffangnetz« zur Inanspruchnahme von Hilfe motivieren können (Bründel, 2015). Angewendet werden kann zum Beispiel das »QPR-Training«, welches die Phasen »Question – Persuade – Refer« (Fragen – Überzeugen – Weitervermitteln) beinhaltet. Das Ziel ist dabei, Warnsignale psychischer Not bei Jugendlichen zu erkennen, Gesprächstechniken zu erlernen und zu wissen, wie Jugendliche zum Hilfesuchverhalten motiviert und unterstützt werden können. Gatekeeper-Programme haben sich als sinnvoll und wirksam in der Wissenserweiterung beteiligter Personen und dem Umgang mit suizidgefährdeten Schülerinnen und Schülern erwiesen (Mo et al., 2018).

4.7.6 Kontaktadressen

- Sozialpsychiatrischer Dienst
- Schulpsychologischer Dienst
- Kinder- und Jugendpsychiatrie: Liste unter www.bkjpp.de
- Deutsche Gesellschaft für Suizidprävention: www.suizidprophylaxe.de

4 Pädagogische Initiativen

- Online-Beratung für Jugendliche und junge Erwachsene in akuten Krisen und bei Suizidgefährdung: www.youth-life-line.de
- Schnelle und anonyme Hilfe für junge Menschen in Krisensituationen: http://www.beratungsstelle-neuhland.net
- Telefonseelsorge (rund um die Uhr): 0800 1110111 / 0800 1110222
- Nummer gegen Kummer für Kinder und Jugendliche: 0800 1110333
- Selbsthilfeorganisation für Trauernde, die Angehörigen durch Suizid verloren haben: Angehörige um Suizid e.V.: www.agus-selbsthilfe.de
- App: KrisenKompass (kostenlos)

4.8 Qualitätssicherung und evaluative Perspektive

Wie in vielen anderen Arbeitsfeldern ist auch innerhalb des Schulsystems die Ressource Arbeitskraft knapp. Dennoch hat es sich bewährt, einen Teil der Anstrengung der Frage zu widmen, ob der eingeschlagene Weg erfolgreich war. Diese evaluative Grundhaltung (Hattie, 2012) findet sich wieder, wenn systematisch und möglichst explizit zu erkennen versucht wird, ob das eigene Handeln zielführend ist.

Die Dokumentation (▶ Kap. 3.1 Pädagogische Dokumentation) benennt die fallbezogene Ausgangslage hinsichtlich einer depressiven Entwicklung und die darauf bezogenen Zielsetzungen (Pädagogisches ZIEL …). Dort wird auch dargestellt, welche pädagogische Initiative sich auf diese Ziele beziehen und wie gehandelt werden soll, also »WER macht WANN, WAS?«. Es wird zusätzlich eine Ergebnisdarstellung erfragt, so dass das Erreichen des Ziels durch die gewählte Initiative dokumentiert und insofern erkennbar wird, ob hier von einer positiven Veränderung gesprochen werden kann.

4.8 Qualitätssicherung und evaluative Perspektive

Zusätzlich können im Rahmen einer begleitenden Evaluation verschiedene Gesichtspunkte erhoben werden, die insbesondere im Schulumfeld den Erfolg einer Initiative beeinflussen können:

- *Machbarkeit:* Wirksame Methoden können aus verschiedenen Gründen im Schulumfeld scheitern (z. B. an zu hohen Anforderungen oder Ressourcenknappheit). Ihre Machbarkeit hängt also von verschiedenen Faktoren ab, die sich teilweise verändern lassen, beispielsweise durch Fortbildungen oder personelle Veränderungen. Hierzu kann ein Feedback durch die beteiligten Personen aufschlussreich sein.
- *Akzeptanz:* Werden die mit einer pädagogischen Initiative verbundenen Anstrengungen oder Belastungen als akzeptabel erlebt (Lüftenegger et al., 2019)? Für die Bereitschaft zur Mitarbeit der Schülerinnen und Schüler, Bezugspersonen und des Kollegiums ist diese Frage oft entscheidend und kann begleitend erfragt werden.
- *Anpassungen während der Durchführung:* Manche Pläne scheitern, wenn zu rigide daran festgehalten wird. Die Möglichkeit pragmatischer Anpassungen (DeGEval, 2008) während der Durchführung ist daher wünschenswert; dies sollte allerdings so dokumentiert werden, dass nachvollziehbar bleibt, worin genau die Veränderung besteht.

Die evaluative Begleitung erleichtert die Auswertung und Anpassung pädagogischer Initiativen. Auf diese Weise kann Qualitätssicherung gewährleistet werden und eine langfristig ressourcenschonend wirkende Arbeit ermöglicht werden. Eine kurzfristige Investition in die evaluative Perspektive kann zudem verhindern, dass sich wirkungslose, belastende oder uneffektive pädagogische Handlungsweisen etablieren.

Im ersten Teil dieses Bandes wurden zentrale Informationen zum Themenfeld Depressivität bei Kindern und Jugendlichen im Schulumfeld zusammengefasst. Dies fand in der gebotenen Kürze eines pädagogischen Fallbuchs statt, wobei jeweils Hinweise auf weiterführende Literatur gegeben wurden. Im nächsten Abschnitt wird

4 Pädagogische Initiativen

anhand von fünf pädagogischen Fallbeispielen eine evidenzorientierte pädagogische Herangehensweise vorgestellt mit dem Ziel, die schulische Förderung unterschiedlicher Schülerinnen und Schüler zu konkretisieren.

5 Fallbeispiele

5.1 Fall Collin

Plötzlich ist alles dunkel. Collin sieht auf seinem Wecker, dass es jetzt kurz nach 1:30 Uhr morgens ist. Es dauert einen Moment, ehe er versteht, was passiert ist. Während er am PC spielte, hat der neue Partner seiner Mutter unangekündigt die Sicherung umgelegt, so dass ein Blackout im Zimmer von Collin entstanden ist, sein Computer heruntergefahren wird, die Deckenlampe ausgeht und seine gesammelten Spielpunkte möglicherweise verschwunden sind. Kurz danach geht das Licht wieder an, der PC fährt hoch, Collin hört die Schlafzimmertür ins Schloss fallen und schlägt mit der Faust auf den Tisch. Er blickt aus seinem Fenster auf die dunkle Straße. Dann steht er auf, legt sich angezogen ins Bett, aber kann nicht einschlafen, bis es hell wird.

Gegen 11:00 Uhr wacht er wieder auf. Niemand hat bemerkt, dass er nicht zur Schule gegangen ist. Sein offizieller Schultag neigt sich sogar langsam dem Ende zu, als er aufsteht, die Limonadenflasche öffnet und sich an den PC setzt. In wenigen Tagen wird er 16 Jahre alt und überlegt heute, auf welche Weise er diesen Tag begehen wird. In seiner Familie nimmt bisher niemand seinen Geburtstag zur Kenntnis.

5.1.1 Ausgangslage

Es ist jetzt knapp anderthalb Jahre her, dass Collins Vater die Familie verlassen hat. Dies geschah nach einer längeren Zeit, die durch Streitigkeiten zwischen den Eltern geprägt war. Neben dem Abschiedsschmerz spürte Collin auch ein wenig Erleichterung, dass jetzt endlich wieder Ruhe herrschte. Collin hat zwei Brüder: den zwölfjährigen Steve und den neunzehnjährigen Nick sowie eine ältere Schwester Katja (22). Seine Mutter hatte seit der Trennung verschiedene Partner – ihr aktueller Freund übernachtet häufig in der gemeinsamen Wohnung. Zunehmend entstehen hierdurch Reibereien, so wie auch heute Nacht.

Collin lebt in einer ländlichen Region und seit er sich erinnern kann in der gleichen Mietwohnung. Er ist inzwischen im zehnten Schulbesuchsjahr und wird voraussichtlich mit einem mittleren Abschluss zum Ende dieses Schuljahres die Schule verlassen. Fehlzeiten wie heute haben sich in den vergangenen Wochen dramatisch erhöht, so dass in wenigen Tagen die Konferenz der Lehrkräfte aktiv werden muss, um diese Fehlzeiten von Collin zu besprechen und eine Lösung hierfür zu finden.

Seitdem Collin sich auf der letzten Klassenfahrt vor etwa 5 Monaten intensiv um ein Mädchen in seiner Klasse bemüht hatte, ahnten seine Mitschülerinnen und Mitschüler, dass er sich verliebt hat. Als dies nicht mehr zu verheimlichen war, bekam er eine sehr demütigende, öffentliche »Abfuhr« von der betreffenden Mitschülerin, die nun dazu führt, dass er an »schlechten Tagen« Angst hat ihr zu begegnen und deswegen in der Schule fehlt. Bereits vor der ablehnenden Reaktion des Mädchens fühlte sich Collin nicht sehr beliebt in der Klasse. Er selbst findet sich weniger attraktiv als andere, denkt, dass er nicht cool und klug genug ist. Hinzu kommt, dass er keine Idee hat, was er am Ende des Schuljahres beruflich anfangen soll. Seine eigentlich akzeptablen schulischen Leistungen befinden sich in einer heftigen Abwärtsspirale, so dass die Gefahr besteht, dass sein Abschlusszeugnis sehr viel schlechter ausfällt als erhofft.

Besonders beim Einschlafen grübelt Collin sehr viel, was ihm regelmäßig den Schlaf raubt. Er hat in den zurückliegenden Monaten ein zunehmend negatives Denken entwickelt, manchmal hat er auch schlimme Szenarien im Kopf, die das Einschlafen ebenso erschweren. Es ist ein Teufelskreis entstanden aus seinen negativen Gedanken, Einschlafschwierigkeiten und nachfolgend schulischen Aufmerksamkeits- und Konzentrationsproblemen. Dass er häufig morgens sehr müde ist, hat seine Lernmotivation insgesamt negativ beeinflusst. Collin ist generell sehr sensibel, macht sich über sein Leben und seine Zukunft zumeist negativ eingefärbte Gedanken, die sein psychisches Wohlbefinden und seine schulischen Leistungen zusätzlich belasten.

Der soziale Kontakt in seiner Klasse war eigentlich lange Zeit gut, doch seit er immer wieder mit seinem Verliebtsein aufgezogen wird, gab es mehrere Streitereien, so dass er sich von einigen seiner ehemaligen Freunde zurückgezogen hat. Collin sitzt extrem viel am Computer, ist häufig in sozialen Medien unterwegs, wo er zum Teil auch mit hämischen und belastenden Kommentaren wegen seines Interesses an der Mitschülerin konfrontiert war.

Zu seinem älteren Bruder Nick hat Collin einen engen Kontakt. Er wünscht sich, mehr Zeit mit ihm gemeinsam zu verbringen, doch Nick hat bereits länger eine Freundin und ist daher nur noch selten zu Hause. Als sein Vater ausgezogen ist, war sein Handballtrainer eine wichtige Ansprechperson und eine echte Stütze. Collin geht allerdings schon seit mehreren Monaten nicht mehr zum Handballtraining, weil dort der Kontakt zu seinen ehemaligen Freunden manchmal schwierig ist, inzwischen aber auch öfter, weil er sich nicht aufraffen kann. Seinen Vater sieht er nur selten – er fehlt ihm sehr, aber Collin ist gleichzeitig wütend auf ihn.

5.1.2 Vorbereitung Gesprächsangebot und pädagogische Gespräche

Collins Fehlzeiten häuften sich im zeitlichen Umfeld der Trennung der Eltern, stabilisierten sich dann aber nach wenigen Wochen. Allerdings wurden im letzten Schulhalbjahr wieder problematische Fehlzeiten von über zwanzig Fehltagen dokumentiert. Das schulische Konzept für Schulabsentismus wird deswegen aktiviert, d.h. nach nunmehr drei erneuten unentschuldigten Fehltagen wird die Schulleitung informiert. Ein erster Schritt dieses Konzeptes besteht in einem pädagogischen Gespräch, das persönlich zwischen Collin und der Klassenlehrkraft Herrn V. angesetzt wird.

Der erste Versuch von Herrn V., mit Collin ins Gespräch zu kommen und einen gemeinsamen Gesprächstermin zu vereinbaren, misslingt. Collin reagiert abweisend und gereizt. Herr V. erläutert seine Beweggründe, und die extrem häufigen Fehlzeiten werden als Ausgangslage insbesondere vor dem Hintergrund der bevorstehenden letzten Monate des Abschlussjahrgangs hervorgehoben. Die positive Gesprächshaltung von Herrn V. – er betont, wie wichtig es ihm sei, Collin einen angemessenen Schulabschluss zu ermöglichen und ihn auch dabei zu unterstützen – verbessert die Gesprächsatmosphäre.

Herr V. erklärt, dass er gerne verstehen möchte, aus welchen Gründen Collin in der vergangenen Zeit so häufig nicht zur Schule kommen wolle. Collin beschreibt kurz die familiäre Situation, insbesondere die Reibereien mit dem neuen Partner seiner Mutter und dass er Schwierigkeiten mit einigen Mitschülern hat und es ihm sehr oft nicht gut gehen würde. Erkennbar wird hier insbesondere Collins extrem negatives Denken darüber, wie andere ihn finden, über seine Fähigkeiten, über die Zukunft und über sein Leben. Herr V. hört Collin aufmerksam zu und gibt die Aussagen von ihm mit seinen eigenen Worten wieder. Collin beklagt, dass jetzt alles anders und schlechter sei als früher, dass er weniger Kontakt hat zu seinen früheren Leuten in der Handballmannschaft und zu seinen Freunden in der Klasse. Er berichtet über häufiges Grübeln abends und über die Schwierigkeiten beim Einschlafen. Collin berichtet auch, dass er morgens nahezu immer unausgeschlafen sei und daher auch oft nicht zur Schule komme und wenn, dann würde er müde sein, sich nicht konzentrieren können und sich auch dort schlecht fühlen. Hier erwähnt er auch die wiederkehrenden Hänseleien in der Klasse aufgrund seines Interesses an der Mitschülerin.

Als Herr V. vorschlägt, ein Gespräch gemeinsam mit seiner Mutter zu führen, lehnt Collin dies kategorisch ab. Trotz der vielen negativen Gedanken erkennt Herr V. in den Äußerungen von Collin keine Hinweise auf Suizidalität, möchte aber insbesondere die Risikofaktoren im Blick behalten (familiäre Situation, Leistungsdruck und Hinweise auf Mobbing). Zudem stellt sich der Verlauf des Gesprächs als insgesamt positiv dar, weil es Collin gelingt, auch zunehmend über seine emotionale Situation zu berichten, so dass Herr V. ihm einen weiteren Termin vorschlägt, um hier anzuknüpfen.

Bei diesem zweiten Treffen beschreibt Collin erneut belastende Faktoren, die sich auch im Klassenumfeld häufen; insbesondere, dass dort regelmäßig Streitereien stattfinden würden. Er erwähnt aber auch die gute Freundschaft mit einem Jungen in der Klasse und auch einigen Personen in seinem früheren Handballverein. Er sagt, dass er seinen Vater gerade sehr vermisst und den neuen Partner seiner Mutter nicht mehr sehen will.

Austausch im Kollegium

Die Kontaktaufnahme mit den Eltern, eigentlich ein wichtiger zweiter Schritt im Konzept gegen Schulabsentismus an der Schule von Herrn V., möchte er zunächst aufgrund der kategorischen Ablehnung von Collin noch nicht in die Wege leiten. Alternativ plant er jetzt einen Austausch im Kollegium, um eine Reihe wichtiger Fragen aus der pädagogischen Dokumentation zu beantworten. Er will wissen, wie die Kolleginnen und Kollegen Collins Entwicklung wahrnehmen und entlang der Dokumentation klären, worin die nächsten Schritte im pädagogischen Prozess bestehen könnten, und die nachfolgenden pädagogischen Initiativen konkretisieren.

Tab. 6: Pädagogische Dokumentation: Collin

Anlass	Problematische Fehlzeiten von über 20 Fehltagen
Informationen zur schulischen Entwicklung	Erheblicher Leistungsabfall Aufmerksamkeits- und Konzentrationsprobleme
Familiärer Hintergrund	Vor anderthalb Jahren ist Collins Vater ausgezogen Drei Geschwister

Tab. 6: Pädagogische Dokumentation: Collin – Fortsetzung

Aktuelle Lebenssituation	Probleme mit neuem Lebenspartner der Mutter
Belastungsfaktoren (schulisch/außerschulisch)	Konflikte in der Klasse Liebeskummer und Streit
Ressourcen (schulisch/außerschulisch)	Freund innerhalb der Klasse Sportverein Gutes Verhältnis zu älterem Bruder
Hinweise auf Suizidalität	Keine
Auffälligkeiten im Verhalten	Rückzug Absentismus
Auffälligkeiten im Denken	Extrem negatives Denken
Auffälligkeiten im emotionalen Erleben	Schwierigkeiten beim Einschlafen Grübeln und Traurigkeit

Ziele und Initiativen

Ausgangspunkt der Initiative war ursprünglich, Collins Fehlzeiten zu reduzieren. Dies soll weiterhin in Kooperation zwischen der Klassenlehrkraft, der Schulsozialarbeit und dem gesamten beteiligten Kollegium erreicht werden. Die Verbesserung des Klassenklimas wird in diesem Zusammenhang als wichtige Maßnahme erachtet, ebenso die Möglichkeit, mit der Mutter in einen angemessenen Gesprächskontakt zu treten, um gemeinsam mit Collin die familiäre Situation zu verbessern. Hierfür soll der Familie mittelfristig die Inanspruchnahme einer externen Familienberatung vorgeschlagen werden.

Das zweite Ziel ist die Förderung realistischer Gedanken und Bewertungen bzw. Veränderung von Collins negativen Gedanken, was seine beruflichen Perspektiven anbelangt. Dies gilt es insbesondere in schulischen Belastungszeiten, bei sozialen Feedbacks und bei Bewertungssituationen umzusetzen. Die schulischen Leistungen sollen durch strukturierende Arbeitshilfen und eine ergänzende Begleitung insbesondere in Problemfächern flankiert werden. Hinweise zu einer spezifischen Förderung bei Lernschwierigkeiten im Kontext einer depressiven Entwicklung werden bei Castello und Brodersen (2021, S. 73 ff) zusammenfassend dargestellt.

Tab. 7: Pädagogische Ziele und Initiativen: Collin

Pädagogisches ZIEL 1:	**Pädagogische Initiative ZIEL 1: WER macht WANN, WAS?**
Veränderte Alltagsgestaltung, mehr positive und weniger negative Erfahrungen	Schulsozialarbeiterin bespricht zeitnah eine gezielte Verhaltensaktivierung und begleitet Collin dabei
Pädagogisches ZIEL 2:	**Pädagogische Initiative ZIEL 2: WER macht WANN, WAS?**
Reduktion negativer Bewertungen	Teambesprechung und Fortbildung zum Umgang mit belastenden Situationen (Feedbacks, Bewertungen): • Disputieren negativer Gedanken • Stärkung von Self-Compassion durch pädagogische Unterstützung
Pädagogisches ZIEL 3:	**Pädagogische Initiative ZIEL 3: WER macht WANN, WAS?**
Reduktion sozial belastender Erfahrungen	• Zeitnahes Klassengespräch durch Lehrkraft • Allgemeine Verhaltensregeln werden in kleinen Arbeitsgruppen formuliert

5.1.3 Pädagogische Initiativen

Pädagogische Gespräche mit Collin

Die Mitarbeiterin der Schulsozialarbeit, Frau S., bietet an, in den kommenden Wochen die pädagogischen Initiativen zu koordinieren

und die Gespräche mit Collin zu führen. Hierzu sind zunächst drei Gesprächseinheiten geplant.
Im ersten Schritt wird mit Collin besprochen, welche pädagogischen Initiativen geplant sind. Im zweiten Schritt werden entlang der psychoedukativen Informationen »Information für Jugendliche. Wenn es mir nicht gut geht« (siehe Anhang) mit Collin Möglichkeiten besprochen, wie im Alltag durch einfache Maßnahmen positive Veränderungen möglich sind.
Als dritte Gesprächseinheit ist eine Verhaltensaktivierung geplant, die nachfolgend detaillierter dargestellt wird.

Verhaltensaktivierung

Das Konzept der Verhaltensaktivierung soll erreichen, dass Collin durch eine veränderte Alltagsgestaltung mehr positive und weniger negative Erfahrungen macht und sich hierüber insgesamt seine Stimmung verbessert. Collin verharrt zunächst auf seiner Position, dass sich alles zum Schlechten geändert habe (»Papa ist weg, Freunde sind weg, Schule läuft schlecht.«), und kann sich nur allmählich darauf einlassen, auch das eigene Verhalten als Ansatzpunkt für eine Verbesserung zu sehen. Die Schulsozialarbeiterin will daraufhin anhand von konkreten Alltagssituationen anregen, auch durch eigenes Handeln zusätzlich eine Veränderung zu erreichen.
Sie schlägt deswegen vor, dass Collin versuchen solle, abends sowohl das, was er am Tag gemacht hat, als auch seine Stimmung festzuhalten. Über einen Zeitraum von zehn Tagen gelingt es ihm schließlich, wenn auch unregelmäßig, auf seinem Smartphone abends einzusprechen, welche Stimmung vor, während und nach bestimmten Aktivitäten auftreten. Ein Wecker auf seinem Handy erinnert ihn jeden Abend um 21 Uhr daran, dies zu tun. Gemeinsam gehen beide die Dokumentation durch und versuchen zu erkennen, welche Aktivitäten möglicherweise dazu beitragen, dass es ihm schlechter geht, und welche, dass es ihm besser geht. Collin erkennt, dass das lange Ausschlafen und tagsüber im Bett zu liegen dazu beiträgt, dass er abends nicht einschlafen kann und er ins Grübeln

kommt. In der Auswertung erkennt er außerdem, dass er einen sehr großen Teil seiner Freizeit am Computer sitzt und dass Aktivitäten außerhalb der Wohnung dazu beitragen, dass er sich meist besser fühlt. Insbesondere dann, wenn er dabei noch andere Menschen getroffen hat.

Die Schulsozialarbeiterin fasst die Ergebnisse noch einmal kurz zusammen und schlägt nun vor, im nächsten Schritt selbst einen Plan zu fassen, welche Dinge ihm guttun und welche negative emotionale Konsequenzen haben. Ziel ist es also, die Häufigkeit schöner Momente zu steigern und dabei nicht nach Lust und Laune, sondern nach Plan zu handeln.

Dies kann erst umgesetzt werden, nachdem Collin zustimmt, sich in den kommenden beiden Wochen an die eigene Planung zu halten und nicht oder möglichst nicht nach spontanen Stimmungen zu handeln. Er entscheidet, dass er versuchen will, sich tagsüber nicht mehr hinzulegen, sondern möglichst mindestens 30 Minuten außerhalb der Wohnung aktiv zu sein. Zusätzlich versucht er seine Zeit am Computer zu begrenzen. Die Schulsozialarbeiterin schlägt vor, die PC-Zeiten in einem Stufenplan allmählich zu reduzieren. Dieser Schritt wird zusätzlich flankiert durch die Zielsetzung, Kontakt zu seinem Handballtrainer aufzunehmen und möglichst wieder am Training teilzunehmen (siehe unten).

Koordination im Kollegium

Die Mitarbeiterin der Schulsozialarbeit hat sich insbesondere die Verbesserung der Kooperation, Information und Koordination der Arbeit im Kollegium vorgenommen. In einer themenspezifischen Fortbildungsveranstaltung werden daher pädagogische Handlungsmöglichkeiten bei einem Verdacht auf eine depressive Entwicklung diskutiert. Kritisch thematisiert wird dort das knappe Zeitbudget, insbesondere auch angesichts der Notwendigkeit und Häufigkeit pädagogischer Gespräche. Die Möglichkeit vorübergehend den hohen Leistungsdruck zu reduzieren und in der Bewertung einen stärkeren

Fokus auf die individuelle Anstrengung und weniger auf die konkrete Leistung zu legen, wird hervorgehoben.

Ein besonderes Anliegen der Schulsozialarbeiterin ist es, im Kollegium ein Bewusstsein dafür zu schaffen, dass insgesamt viele Schülerinnen und Schüler zu negativen Bewertungen neigen. Im Alltag solle daher besonders darauf geachtet werden, realistische Bewertungen zu fördern, d.h. mögliche negative Erfahrungen angemessen einzuordnen. Pädagogische Feedbacks und Bewertungssituationen seien hierfür ein guter Anlass, um bewusst zwischen der schulischen Leistung oder dem Verhalten einerseits und der Person andererseits klar zu unterscheiden. Es gelte dabei z.B. die individuelle Lernanstrengung positiv zu bewerten und bei Feedbacks immer auch Möglichkeiten zur Steigerung der schulischen Leistungen zu benennen.

Neben der Veränderung unangemessen negativer Bewertungstendenzen thematisiert die Schulsozialarbeiterin außerdem das Konzept des selbstgerichteten Mitgefühls. An einigen Beispielen verdeutlicht sie, dass belastende Situationen wichtige pädagogische Momente sind, um mitfühlende Kommentare zu geben. Belastungen wie zum Beispiel sportliche Niederlagen, psychische Herausforderungen, soziale Rückmeldungen oder kognitive Anforderungen sollen genutzt werden, damit die Schülerinnen und Schüler lernen, sich selbst gegenüber freundliche, verständnisvolle und positive Aufmerksamkeit zu entwickeln. Hierzu gehöre auch, Fehler als wichtige Lernanlässe zu verstehen. Niemand solle beispielsweise bei Feedbacks beschämt oder verurteilt werden – auch nicht unbeabsichtigt. Bei auftretendem problematischem Verhalten solle nicht die Person selbst, sondern das Verhalten und dessen Ursachen und Konsequenzen besprochen werden.

Reduktion der Belastungen im Schulumfeld

Im Nachgang der Gespräche mit Collin und als weitere pädagogische Initiative will der Klassenlehrer Herr V. eine Reduktion der sozial belastenden Erfahrungen erreichen, die sich offenbar im Umfeld der Klasse erhöht haben.

Zunächst wird er im Klassengespräch verletzende Umgangsformen thematisieren, ohne Collin explizit als Betroffenen zu benennen. Er möchte hierdurch erreichen, dass deutlich wird: Alle profitieren von einem freundlichen und kooperativen Miteinander. Dies sei gerade im letzten Schuljahr von großer Bedeutung, da alle ihre Kraft für das Lernen benötigen und Streit dabei ablenke. Hierzu seien aber Verhaltensregeln wichtig, die gelten zwar ohnehin, werden manchmal aber ignoriert. Das müsse ein Ende haben.

Herr V. erarbeitet gemeinsam mit der Klassengemeinschaft Regeln, die von allen künftig eingehalten werden sollen. In kleinen Arbeitsgruppen (3-4 Schülerinnen und Schüler) werden die wichtigsten Regeln gesammelt – Herr V. gibt dafür diese kurze Hilfe: *»Möglichst wenige Sätze sollten knapp und verständlich das erwünschte Verhalten beschreiben.«* Die fünf Gruppen tragen dann kurz ihre Sätze vor, wobei viele erstaunt sind, wie ähnlich die Ergebnisse ausfallen. Im Weiteren wird besprochen, wie das Einhalten der Regeln erreicht werden kann. Diese Regeln würden künftig praktiziert, indem auf Verstöße unmittelbar reagiert wird, u.a. durch ein Gespräch im Klassenverband. Ein Vorschlag, den viele gut finden ist, dass ein wechselndes Team aus drei Schülerinnen und Schülern einmal wöchentlich Ansprechpersonen sind, um auftretende Konflikte entlang der Regeln zu schlichten. Alle seien jetzt dafür verantwortlich, dass die Umgangsformen besser eingehalten werden.

Herr V. weist darauf hin, auch er würde für alle als Ansprechpartner zur Verfügung stehen und kündigt ergänzend an, im Gespräch mit den beteiligten Kolleginnen und Kollegen darauf Einfluss zu nehmen, dass die erarbeiteten Regeln möglichst in allen Fächern umgesetzt werden.

Aktivierung externer und interner Ressourcen

Die Initiative, Collin dabei zu unterstützen, zu seinem früheren Handballtrainer wieder Kontakt aufzunehmen, war erfolgreich. Er berichtet erfreut, dass dieser ihn zügig zu einem Probetraining eingeladen habe und ihn »dringend brauchen« würde. Hier scheint sich eine positive Perspektive für Collin zu entwickeln, die ihn erkennbar freut.

In Zusammenhang mit der durchgeführten Verhaltensaktivierung hat Collin sein Interesse an Aktivitäten im Freien und in der Natur wiederentdeckt. Diese Erkenntnis und dass im Klassenverband aktuell berufliche Perspektiven diskutiert werden, eröffnet für Collin gleichzeitig berufliche Möglichkeiten. Auf Anraten von Herrn V. hat er sich in seiner Nachbarschaft bei einem Garten-/Landschaftsbau-Unternehmen um einen Nebenjob beworben. Er könnte sich eine berufliche Perspektive dort, vielleicht auch in einem Forstbetrieb vorstellen.

Collins familiäre Situation allerdings ist unverändert. Seitens der Schulsozialarbeiterin wird mehrfach klargestellt, dass auch die schlechte Stimmung in der Familie zu seinen schlechten Gedanken und Gefühlen beitragen kann. Sie ist davon überzeugt, eine gemeinsame Familienberatung würde dabei helfen. Daher bietet sie wiederholt an, Kontakt zu einer externen Beratungsstelle aufzunehmen. Collin lehnt dies weiterhin ab.

5.1.4 Evaluation

Das Ziel der Reduktion von Collins Fehlzeiten – sie werden weiterhin genau dokumentiert – wird mit Collin im Rahmen der pädagogischen Kontakte im Blick behalten. So sollen der Verlauf und der angestrebte Rückgang reflektiert und Fehlzeiten zeitnah besprochen werden. Mit diesem Ziel ist sowohl das Klima in Collins Klasse als auch seine schulischen Leistungen und die berufliche Perspektive eng verbunden.

Die pädagogische Besprechung im Kollegium diskutiert die Stimmung in Collins Klasse und inwiefern sich die Regelverstöße verändern. Collin wird in den Gesprächen hierzu um eine Stellungnahme gebeten. Im Kollegium wird mit Unterstützung der Schulsozialarbeit das Thema »Feedback« und »negatives Denken« als zentrales Element der pädagogischen Schulentwicklung beibehalten. Hier soll anhand konkreter Situationen geübt werden, wie mit destruktivem, negativem und unrealistisch-verzerrtem Denken positiv umgegangen werden kann.

Herr V. ist mit allen Schülerinnen und Schülern im Austausch, was ihre berufliche Orientierung anbelangt. Hier zeigen sich für Collin die genannten Möglichkeiten für eine Tätigkeit im Gartenbau. Auch die Entwicklung von Collins Schulleistungen werden hier im Blick behalten.

5.2 Fall Amira

Am frühen Nachmittag geht Amira heute alleine im Discounter einkaufen, um für ihre Familie das Nötigste für das Mittagessen zu besorgen. Aufmerksam betrachtet sie die Produkte, sie vergleicht die Preise und geht mit einem kleinen Korb zur Kasse. Stumm gibt sie der Verkäuferin den passenden Geldbetrag, packt die Waren in eine Plastiktüte und verlässt das Geschäft. Langsam trottet sie nach Hause und öffnet mit ihrem Schlüssel die Wohnungstür. Dort wohnen auch ihre beiden jüngeren Geschwister und ihre Mutter.

5.2.1 Ausgangslage

Amira ist 14 Jahre alt, sie lebt seit zwei Jahren in einer größeren Stadt im Westen Deutschlands. Amira ist damals über einen Zeitraum von mehreren Monaten hinweg zunächst von ihrer Heimat nach Osteuropa und danach nach Deutschland geflüchtet. Sie spricht nicht gerne über diese Zeit, deutet aber sehr belastende Erfahrungen an. Amira zeigt aber nicht die typischen Symptome einer posttraumatischen Belastungsreaktion. Sie konnte auf Nachfrage nicht klar benennen, zu welchem Zeitpunkt sie eingeschult worden war. Amira besucht aktuell eine DAZ-Klasse, in der sie allerdings nur wenige soziale Kontakte hat.

Es sind verschiedene Dinge, unter denen Amira leidet und die als Belastung sowohl im Schulumfeld als auch in der familiären Umgebung bestehen. Zunächst sind es die großen sprachlichen Schwierigkeiten, die auch nach zwei Jahren den Austausch mit den Gleichaltrigen in ihrer Klasse erschweren und den Kontakt mit den Pädagoginnen und Pädagogen dort nicht einfach machen. Zusätzlich sind es die Sorgen um ihren Vater, die sowohl Amiras Mutter als auch Amira und ihre Geschwister dauerhaft belasten. Ihr Vater konnte seinerzeit nicht mit auf die erzwungene Flucht kommen und befindet sich immer noch am ursprünglichen Heimatort der Familie. Sie sprechen häufig über ihren Vater, versuchen Informationen zu bekommen und über die deutsche Botschaft in ihrem Heimatland zu erreichen, dass auch er nach Deutschland kommen kann.

Obwohl sich Amira eigentlich sicher in Deutschland fühlt, hat sie großes Heimweh nach ihrer Heimat und nach ihren Freundinnen dort. Sie träumt oft schlecht und macht sich um ihre Mutter große Sorgen, da sie durch die Fluchterfahrung sehr belastet ist und unter der schwierigen Situation massiv leidet. Diese eigene hohe Belastung allerdings möchte ihre Mutter nicht wahrhaben. Sie will niemandem zu Last fallen, schämt sich für die sprachlichen und emotionalen Schwierigkeiten im Alltag, denn sie will nicht undankbar erscheinen. Amiras Mutter durchlebt immer wieder depressive Phasen und Zeiten sehr großer Angst um ihren geliebten Ehemann. Dies wiegt umso schwerer, als die Familie kaum engere soziale Kontakte hat, so dass die Mutter ihre Sorgen nicht mit einer vertrauten erwachsenen Person teilt, sondern häufig mit den eigenen Kindern bespricht. Amira tröstet dann ihre Mutter und fällt gegenüber ihren jüngeren Geschwistern in eine Elternrolle, obwohl es ihr selbst phasenweise sehr schlecht geht.

Diese außergewöhnliche Belastung in der Familie ist auch Amiras Lehrerin Frau G. nicht entgangen. Zwar sind viele Kinder in der DAZ-Klasse erheblich belastet, Amira allerdings zeigt Symptome, die Frau G. aufmerksam beobachtet und im Kontakt mit ihrem Kollegium bespricht. Es zeigen sich aber keine Warnhinweise auf suizidales Verhalten (▶ Kap. 4.7). Nicht zuletzt aufgrund der fehlenden sprachlichen Kompetenzen von Amira, die teilweise in der geringen Zahl sozialer Freizeitkontakte begründet liegen, sind auch die Freundschaften im Schulumfeld nur sehr oberflächlich. Frau G. notiert die übereinstimmenden Berichte anderer Lehrkräfte, dass Amira auffälliges soziales Rückzugsverhalten entwickelt hat, kaum bis keine Interaktionen mit Gleichaltrigen zeigt, sich beispielsweise während der Pause selbst an Orte zurückzieht und mittlerweile gemieden und ausgeschlossen wird. Eine Kollegin berichtet von möglicherweise sehr belastenden Erinnerungen aus der Zeit der Flucht über Osteuropa und beschreibt eine Situation, in der Amira sehr eindringlich ihre Sorgen zum Ausdruck gebracht hat, dass ihrem Vater etwas Schlimmes geschehen könnte.

Übereinstimmend berichten die Lehrkräfte, dass Amira außergewöhnlich schnell lernen kann, dass ihr allerdings im Alltag die nötige Übung fehlt und möglicherweise auch die Zeit, sich mit schulischen Themen zu beschäftigen. Ihre sprachliche Entwicklung wird als insgesamt zufriedenstellend dargestellt, aber es zeigt sich die geringe Praxis in der deutschen Sprache aufgrund der wenig befriedigenden sozialen Integration. Amira leidet zusätzlich temporär unter Konzentrationsschwierigkeiten, die jeweils abhängig sind von ihrer emotionalen Belastung.

Frau G. erfährt auch, dass sich in der kleinen Familie ein starker Zusammenhalt entwickelt hat und dass im Wohnumfeld der Familie immer wieder Menschen soziale Unterstützung angeboten haben, die von Amiras Mutter allerdings bislang abgelehnt wird. Aufgrund der familiären Isolationssituation sind keine weiteren sozialen Ressourcen verfügbar.

Amira entstammt einem bildungsaffinen Milieu, so dass ihre Familie ursprünglich eine ganze Reihe von besonderen Interessen und Kompetenzen hatte, die mit der Flucht zunächst verloren gingen – die Familie ist in ihrer Heimat kulturell und religiös gut integriert gewesen. Amira liest viel, allerdings in ihrer Muttersprache und sie hat besondere Stärken in der Organisation des Haushaltes, was wiederum dazu beiträgt, dass weniger Zeit für Hausaufgaben und Sozialkontakte mit Gleichaltrigen bleibt. Amira verfügt prinzipiell über gute intellektuelle Voraussetzungen für eine erfolgreiche schulische Karriere.

5.2.2 Vorbereitung

Aufgrund ihres bisherigen Kenntnisstands, der neuen Informationen aufgrund von Beobachtungen und der Erkenntnisse aus den Gesprächen mit Kolleginnen und Kollegen entschließt sich Frau G. dazu, aktiv zu werden. Zunächst führt sie mit ihrer Schulleitung ein Gespräch über die Situation verschiedener Schülerinnen und Schüler in ihrer Klasse, die besondere Unterstützung benötigen, hierzu gehört auch Amira. Beide kommen überein, dass in Amiras Fall die schulinterne Ansprechperson für Kinder mit Fluchterfahrung mit einzubeziehen ist. Sie steht zudem in ständigem Austausch mit dem ortsansässigen schulpsychologischen Dienst. Die bisher vorliegenden Informationen und der Prozess der Entscheidung über pädagogische Initiativen hält Frau G. anhand der pädagogischen Dokumentation fest.

Tab. 8: Pädagogische Dokumentation: Amira

Anlass	Pädagogische Beobachtungen und Gespräche im Kollegium
Informationen zur schulischen Entwicklung	Fehlende Informationen zur bisherigen Schullaufbahn Kann außergewöhnlich schnell lernen Geringe Praxis in der deutschen Sprache
Familiärer Hintergrund	Ehemals kulturell und religiös in ihrer Heimat gut integriert Lebt mit zwei jüngeren Geschwistern und ihrer Mutter Starker Zusammenhalt Vater in Heimatland (gefährdet)

5.2 Fall Amira

Tab. 8: Pädagogische Dokumentation: Amira – Fortsetzung

Aktuelle Lebenssituation	Kaum engere soziale Kontakte außerhalb der Familie Nimmt gegenüber ihren jüngeren Geschwistern eine Elternrolle ein Im Alltag fehlt die nötige deutsche Sprachpraxis
Belastungsfaktoren (schulisch/außerschulisch)	Macht sich große Sorgen um ihre Mutter Mutter durchlebt immer wieder depressive Phasen, in denen Amira unterstützt Sehr belastende Erinnerungen aus der Zeit der Flucht Wenig befriedigende soziale Integration Heimweh Sorgen um Vater
Ressourcen (schulisch/außerschulisch)	Besondere Interessen und Kompetenzen (abklären) Amira liest gerne und viel Stärken in der Organisation des Haushaltes Gute intellektuelle Voraussetzungen Unterstützungsangebote im Wohnumfeld der Familie (Mutter lehnt ab)
Hinweise auf Suizidalität	Keine Warnhinweise auf suizidales Verhalten
Auffälligkeiten im Verhalten	Rückzugsverhalten Kaum Interaktionen mit Gleichaltrigen
Auffälligkeiten im Denken	Temporäre Konzentrationsschwierigkeiten Auffälligkeiten im Denken stark abhängig von ihrer emotionalen Belastung
Auffälligkeiten im emotionalen Erleben	Wirkt oft traurig Emotional belastet Träumt oft schlecht

Frau G. möchte in den Austausch mit der schulinternen Ansprechperson für Schülerinnen und Schüler mit Fluchterfahrung und dem schulpsychologischen Dienst treten, da im Kollegium Ratlosigkeit herrscht, wie in Amiras Fall zu verfahren sein soll. Es soll dabei darum gehen, für Amira pädagogische Ziele zu entwickeln und schulische Initiativen zu planen. Zusätzlich soll dort die Frage nach der Notwendigkeit einer psychologischen Beratung oder therapeutischen Unterstützung beantwortet werden.

Das Gespräch mit der schulischen Ansprechperson und dem psychologischen Dienst findet entlang der Dokumentation statt. Die strukturierte Vorbereitung führt daher zügig zu folgendem Ergebnis:

- Es wäre zunächst wichtig, Amira ein freundliches und unterstützendes Gesprächsangebot zu machen, bei dem u.a. auch ein Gespräch mit der Mutter angekündigt wird.
- Schließlich soll dieser Kontakt zur Mutter stattfinden, um die pädagogischen Initiativen vorzubereiten; hierfür wird eine Person zur Übersetzung benötigt.

Beide Gespräche finden statt vor dem Hintergrund von drei priorisierten pädagogischen Zielsetzungen, die sich ebenso aus der Dokumentation ableiten:

1. Amira soll eine bessere soziale Integration ermöglicht werden, um mehr Sprachpraxis zu erreichen und der familiären Vereinnahmung entgegenzuwirken
2. Wichtig wäre für Amira eine zeitliche und emotionale Entlastung innerhalb der Familie zu erreichen
3. Amira soll ihre schulischen Entwicklungsmöglichkeiten besser ausschöpfen

Diese Ziele werden in den Gesprächen mit Amira und deren Mutter benannt, und es werden entsprechende Initiativen vorgestellt, wie die Ziele erreicht werden sollen. Beide werden zudem um eine Zustimmung und Unterstützung für die hierzu geplanten pädagogischen Initiativen gebeten.

Tab. 9: Pädagogische Ziele und Initiativen: Amira

Pädagogisches ZIEL 1:	Pädagogische Initiative ZIEL 1: WER macht WANN, WAS?
Soziale Integration	• Möglichst umgehend: Angebot für Kontakte mit Gleichaltrigen durch die Schulsozialarbeit • Kollegium wird gebeten, künftig auf soziale Einbindung in verschiedenen schulischen Kontexten zu achten
Pädagogisches ZIEL 2:	**Pädagogische Initiative ZIEL 2: WER macht WANN, WAS?**
Entlastung innerhalb der Familie	• Zeitnahes Beratungsangebot für Mutter durch Frau G.: Psychoedukation, • Externe Beratung, nach Zustimmung der Mutter
Pädagogisches ZIEL 3:	**Pädagogische Initiative ZIEL 3: WER macht WANN, WAS?**
Schulische Unterstützung	Ab sofort besser koordiniertes Handeln im Kollegium: • Reduktion schulischer Anforderungen • Strukturierende Arbeitshilfen

5.2.3 Pädagogische Initiativen

Gesprächsangebot an Amira

Aufgrund ihres guten Kontaktes zu Amira übernimmt Frau G. die Aufgabe, ihr ein Gesprächsangebot zu machen. Dieses findet am Ende einer Fachstunde statt. Amira reagiert zunächst erstaunt und ablehnend, lässt sich aber schließlich darauf ein. Das Gespräch selbst findet in einem Beratungsraum unter vier Augen statt.

Frau G. hat vorab die Ziele dieser ersten Kontaktaufnahme verinnerlicht und möchte zunächst klarstellen, dass dieses Gesprächsangebot prinzipiell allen Schülerinnen und Schülern gemacht werden kann, sie aber den Eindruck habe, dass es insbesondere Amira hin und wieder nicht gut ergehen würde. Sie bittet Amira zu beschreiben, wie es ihr im Moment gehe. Auf diese Frage hin beteuert Amira, dass es ihr gut ergehen würde. Frau G. beschreibt schließlich eine Situation, in der Amira sehr zurückgezogen und traurig gewirkt hatte. Es wird zunehmend deutlich, dass die sprachliche Darstellung und das Verständnis dieser Situation sehr schwierig sind. Amira bleibt zurückhaltend und besteht darauf, dass es ihr gut geht. Vielleicht sei es, weil sie sich Sorgen mache um ihren Vater, da sie ja auch schon seit längerem keinen Kontakt mehr zu ihm habe und insbesondere auch ihre Mutter unter dieser Situation leide. Amira äußert, dass ihr eine Freundin aus ihrer Heimat sehr fehle und dass sie auch hier gerne eine Freundin haben würde. Sie bedauert, dass sie nicht viele Kontakte zu Mitschülerinnen und Mitschülern habe.

Frau G. äußert, dass sie das alles sehr gut verstehen könne und sie auch deswegen gerne mit ihr sprechen würde und einige Vorschläge habe, wie man diese Dinge verändern könne. Sie beschreibt Wege, ihre Situation zu verbessern und auf welche Weise insbesondere auch im Kontakt mit der Mutter und mit Gleichaltrigen eine Veränderung möglich sein könnte. Amira besteht darauf, dass die Mutter nicht belastet werden und nicht der Eindruck entstehen soll, dass sie, Amira, sich beklagen würde. Frau G. sichert zu, dass dies nicht geschehen wird, und bittet um Amiras Mitarbeit, um an der Situation gemeinsam etwas ändern zu können. Amira nickt und die beiden beenden das Gespräch mit dem Ziel in Kontakt bleiben zu wollen.

Erstgespräch mit Amiras Mutter

Das Gespräch mit Amiras Mutter bezüglich der dargestellten Ziele wird ebenso durch die Lehrerin Frau G. geleitet. Im Vorfeld und während des Kontaktes wird die Kommunikation durch eine Übersetzerin unterstützt.

Frau G. bedankt sich im Gespräch zunächst bei Amiras Mutter für die Möglichkeit, mit ihr reden zu dürfen. Auch gegenüber Amiras Mutter betont Frau G., dass dieses Gespräch im Rahmen einer normalen Elternberatung stattfindet, dass aber aufgrund ihrer (Frau G.s) Erkenntnisse Amira phasenweise belastet wirkt. Nachfolgend informiert Frau G. Amiras Mutter über ihre Beobachtungen und Erkenntnisse analog zum Dokumentationsbogen. Sie betont dabei insbesondere, dass Amira eine engagierte und freundliche Schülerin und sehr lernbereit und lernfähig ist.

Schließlich bittet Frau G. Amiras Mutter darum, zu den Ausführungen ihre eigene Sicht darzustellen. Amiras Mutter bedankt sich zwar für das Angebot, und es wird rasch deutlich, dass sie mit der familiären Situation und dem Gespräch überfordert ist. Sie berichtet von ihrer großen Angst um die Zukunft ihrer Familie. Frau G. bittet Amiras Mutter um Unterstützung und um Vertrauen, damit Amira geholfen werden kann. Sie schlägt vor, die besonderen Schwierigkeiten Amiras in einem weiteren Beratungsangebot zu besprechen. Frau G. bittet zudem um Zustimmung zu den geplanten Initiativen wie zum Beispiel den Angeboten für soziale Kontakte (z.B. Nachmittagstreffen für die Betreuung der Hausaufgaben) und den außerschulischen Initiativen, die die sprachliche Entwicklung Amiras stärken sollen. Außerdem erwähnt Frau G. die Möglichkeit eines Nachteilsausgleichs für Kinder und Jugendliche mit besonderen Belastungen, um die schulische Entwicklung zu fördern. Amiras Mutter stimmt zu, und es gelingt zeitnah, ein Beratungsgespräch für die Mutter zu terminieren, indem vertieft über einzelne Aspekte der Unterstützung von Amira gesprochen werden soll.

Beratungsgespräch mit Amiras Mutter

Das Beratungsgespräch mit Amiras Mutter findet wieder in Präsenz und mit Übersetzerin statt, die das Gespräch erleichtern soll.

Frau G. fragt zunächst, wie es ihr und ihren Kindern in den letzten Tagen ergangen sei. Amiras Mutter schildert die familiäre Situation und ist offensichtlich bemüht, nicht belastet zu wirken. Frau G. würdigt ihre Leistung in der schwierigen Situation der Familie und betont, dass man unter den Voraussetzungen einer Flucht und dem Leben in einer komplett fremden Umgebung natürlich von einer

Belastung sprechen darf. Es sei nicht verwunderlich, dass die Trennung und geringe Unterstützung dazu beitragen können, dass es ihr (Amiras Mutter) hin und wieder nicht gut ergeht. Umso wichtiger sei es, dass Unterstützung von außen ermöglicht wird, und deswegen sei sie sehr dankbar, die Gelegenheit zu bekommen, ihr die Möglichkeiten zu beschreiben, um für Besserung zu sorgen.

Frau G. erklärt Amiras Mutter, dass es ihren Kindern dann gut gehen kann, wenn es ihrer Mutter besser geht. Insofern sei jede Unterstützung, die sie für sich annehmen würde, eine Unterstützung, die sie darüber auch ihren Kindern ermöglicht. Sie bietet an, den Kontakt zu einem psychosozialen Zentrum für Menschen mit Fluchterfahrung herzustellen. Dort arbeiten Expertinnen und Experten, die Unterstützung anbieten für Menschen angesichts der schwierigen Lebenssituation bei Fluchterfahrung. Der Gesprächsverlauf führt zu einer spürbaren Erleichterung von Amiras Mutter. Sie bedankt sich und stimmt zu, Unterstützung für sich selbst in Anspruch zu nehmen, weil sie jetzt verstehe, wie wichtig dies ist – gerade auch, um ihren Kindern zu helfen.

Frau G. bespricht schließlich mit Amiras Mutter die Elterninformation depressive Entwicklung in leichter Sprache (siehe Anhang), geht gemeinsam mit der sprachkundigen Begleitung die verschiedenen Punkte durch und ordnet sie für den Fall von Amira ein. Es sei ihr wichtig zu betonen, dass sie keine Psychologin sei und insofern keine Diagnose stellen will und kann. Sie möchte aber diese Gelegenheit nutzen, um den Stress, den Amira aufgrund der Fluchterfahrung und ihrer schulischen und familiären Situation erlebt, zu mildern, um zu verhindern, dass sich die Entwicklung verschlechtert.

Ein wichtiger Punkt sei zudem die Bitte, Amira Entlastung insbesondere innerhalb der Familie zu ermöglichen. Frau G. betont, dass Amira sich absolut nicht beklagt habe, allerdings ganz offensichtlich mehr Zeit für die schulische Arbeit benötigt und daher weniger Pflichten und familiäre Aufgaben übernehmen solle. Außerdem sei es für Amira insbesondere in sprachlicher Hinsicht wichtig, mehr Zeit für gleichaltrige Kontakte zu bekommen und dadurch positive freundschaftliche Erfahrungen mit Gleichaltrigen zu machen. Amira solle kein schlechtes Gewissen bei sozialen Aktivitäten außerhalb der Familie haben, wenn sie sich nicht um ihre Geschwister kümmert. Dies bedeute natürlich nicht, dass sie vollständig von familiären Aufgaben oder Pflichten befreit werden solle, sondern lediglich mehr Zeit und Unterstützung für schulisches Lernen und soziale Aktivitäten wichtig sei.

Schulische Unterstützung

In der wöchentlich stattfindenden Teambesprechung der DAZ-Klassenlehrkräfte wird das Kollegium über die durchzuführenden Initiativen informiert. Zunächst wird die familiäre Situation von Amira dargestellt und die Ziele der Beratungsgespräche werden kurz vorgestellt.

Es wird diskutiert, auf welche Weise eine individuelle schulische Entlastung realisiert werden soll. Frau G. betont, dass Amira von einer Unterstützung bei Sozialkontakten mit Gleichaltrigen profitieren würde, und regt an, dass im Unterrichtsgeschehen darauf geachtet werden solle. Insbesondere im Sportunterricht und bei Gruppenarbeiten bittet sie auf eine Einbindung Amiras zu achten.

Sie regt außerdem an, dass Amira künftig ein Hausaufgabenheft führen solle, in dem die täglichen Hausaufgaben aufgeführt und als erledigt markiert werden. Kritisch wird im Kollegium diskutiert, dass der Aufwand durch besondere Arbeitshilfen für die Hausaufgaben erheblich sei. Amira wird schließlich auf Anregung eines Kollegen für das Mentorenprogramm angemeldet, so dass ihr eine ältere Schülerin als Ansprechperson zur Unterstützung bei Hausaufgaben zur Seite gestellt wird. Dies soll zusätzlich die sprachliche Förderung begleiten und dem sozialen Rückzugsverhalten entgegenwirken.

Ressourcenaktivierung

Das Aktivieren sozialer Ressourcen wird auf unterschiedlichen Ebenen angegangen.

Im Gespräch mit Amiras Mutter wird darauf hingewiesen, dass vorhandene Kontaktangebote im familiären Alltag eine gute Gelegenheit auch für die Mutter sein können, ihre sprachlichen Kompetenzen zu verbessern und Kontakte zu knüpfen, um die Isolationssituation der gesamten Familie zu verändern.

Die Kollegin der Schulsozialarbeit schlägt vor, Nachmittagsangebote für Amira zusammenzustellen, die in Kooperation mit dem örtlichen Jugendzentrum und einem Sportverein stattfinden. Hierzu findet in einigen Tagen eine von der Sozialarbeiterin begleitete Teilnahme Amiras statt.

Und schließlich versucht Frau G., die regelmäßig stattfindenden Nachmittagstreffen für die Betreuung der Hausaufgaben zu nutzen, um auch hier soziale Ressourcen zu aktivieren, indem Amira stärker eingebunden wird.

5.2.4 Evaluation

Die Frage, ob die pädagogischen Ziele der besseren sozialen Integration, Entlastung innerhalb der Familie und schulischen Unterstützung erreicht werden, wird in der Lehrkräftebesprechung diskutiert. Hier werden zudem die Verantwortlichkeiten für die pädagogischen Initiativen koordiniert, d.h. *wer wann welche Maßnahme* umsetzen. Um die Machbarkeit und Akzeptanz im Team zu stärken, werden die Verantwortlichkeiten im Team aufgeteilt.

Der Kontakt zu Amira und Amiras Mutter wird durch Frau G. in den kommenden Monaten aufrechterhalten, um die Umsetzung zu überprüfen und ggf. Anpassungen vorzunehmen. Der Erfolg der sozialen Einbindung wird hier ebenso zu beobachten sein wie die Reduktion der familiären Inanspruchnahme Amiras.

Falls eine negative Entwicklung mit weiterem sozialem Rückzug und Hinweise auf eine emotionale Belastung deutlich werden, wird sich Frau G. gemeinsam mit Amiras Mutter um eine ärztliche bzw. kinder- und jugendpsychiatrische Abklärung bemühen.

5.3 Fall Leon

Es ist Pause an der Schiller-Gemeinschaftsschule, und aufgrund des schönen Wetters sind die meisten Schülerinnen und Schüler auf dem Pausenhof. Viele von ihnen stehen in kleinen Gruppen zusammen und führen laute Gespräche, wodurch ein ziemlich hoher Lärmpegel entsteht. Frau H., die Klassenlehrerin der 7c, hat Pausenaufsicht und richtet ihren Blick auf eine Gruppe von fünf Schülern aus ihrer Klasse. Sie bemerkt, dass einige von ihnen sehr aufgeregt wirken und sich anschreien. Als sie zu ihnen hinübergeht, sieht sie, wie Leon gerade ausholt, um seinen Klassenkameraden Tim zu schubsen. Sein Gesicht ist wutverzerrt und er schreit: »Wie bescheuert man nur sein kann!«. Tim weicht zurück und streckt abwehrend die Hände von sich.

Frau H. kommt gerade rechtzeitig dazwischen und trennt die Streitenden. Sie führt Leon weg von den anderen, und obwohl er widerwillig mitkommt, meidet er ihren Blick. Er zieht seine Kapuze tief ins Gesicht und murmelt unverständlich etwas vor sich hin. Als sie ihn fragt, warum er so wütend geworden ist, zuckt er nur mit den Schultern und antwortet gereizt: »Weiß ich doch nicht, was wollen Sie von mir?«.

5.3.1 Ausgangslage

Leon ist 13 Jahre alt und lebt mit seinen Eltern in einem Dorf im Norden Deutschlands. Zur Schule geht er in der nächstgelegenen Stadt. Leons Bruder David (18 Jahre) ist vor einem Jahr ausgezogen, da er eine Ausbildung zum Tischler 200 km entfernt von seinem Heimatdorf angefangen hat; er kommt nur einmal im Monat nach Hause. Die Eltern von Leon betreiben die Dorfwirtschaft und arbeiten viel.

Leon ist groß und kräftig, seine Haare trägt er immer sehr kurz geschnitten. Es zeigt sich bei ihm ein erster leichter Bart, den er nicht rasiert. Seine Körperhaltung ist jedoch schlecht, und er geht oft gebeugt und mit schlurfenden Schritten. Meistens trägt er einen Kapuzenpullover, auch im Winter läuft er ohne Jacke herum. Leon macht, vor allem in letzter Zeit, einen zunehmend ungepflegten und vernachlässigten Eindruck. So scheint er sich oft tagelang nicht zu waschen.

Den örtlichen Kindergarten besuchte Leon ab dem Alter von drei Jahren. Dort fiel eine verzögerte Sprachentwicklung auf. Leon war zudem sehr schüchtern und traute sich oft nicht zu sprechen. Dies erschwerte den Kontakt zu Gleichaltrigen, und so war Leon oft für sich. In der Grundschule zeigten sich zudem Probleme im Erwerb schriftsprachlicher Kompetenzen, bis zum Ende der Grundschulzeit konnte er noch nicht so gut lesen und schreiben wie seine Klassenkameraden. Leon erhielt jedoch eine gezielte Förderung, insbesondere seine Grundschulklassenlehrerin setzte sich intensiv für ihn ein. Ab der dritten Klasse zeigte Leon dann Verhaltensauffälligkeiten, so war er öfter aggressiv gegenüber anderen Kindern. Der Beginn dieser Auffälligkeiten fiel damit zusammen, dass Leon und sein Bruder übergangsweise bei seiner Oma lebten, da die Eltern an einer Alkoholerkrankung litten und sich überfordert mit den Kindern fühlten. Mit Wechsel auf die weiterführende Schule schien sich die Situation in Leons Elternhaus wieder beruhigt zu haben, und er zog zu den Eltern zurück.

Die Eltern sind fast jeden Tag ab dem Nachmittag bis spät in die Nacht bei der Arbeit. In den letzten Monaten kehren beide wieder häufig stark alkoholisiert nach Hause zurück und beginnen immer öfter nächtliche Streitereien, die dazu führen, dass Leon aufwacht. Die Familie verbringt nur sehr wenig gemeinsame Zeit. Wenn Leon mit seinen Eltern redet, enden die Gespräche oft in Streit. In letzter Zeit herrscht sein Vater Leon häufig an und macht, besonders wenn er getrunken hat, erniedrigende und beschämende Kommentare.

Leon bewohnt seit dem Auszug seines Bruders alleine die obere Etage seines Elternhauses. Nach der Schule ist er meistens dort alleine und vertreibt sich dann die Zeit mit Computerspielen, seine Favoriten sind Fortnite und Minecraft. An manchen Tagen legt er sich nach der Schule auch einfach ins Bett und schläft. Mindestens einmal

5.3 Fall Leon

die Woche besucht er seine Oma, die nur eine Straße weiter lebt und verbringt den Nachmittag mit ihr. Zu seiner Oma hat Leon ein sehr enges Verhältnis, will ihr aber auch meistens nicht von den Problemen zu Hause erzählen, um sie nicht zu belasten.

Seit seiner Grundschulzeit hat Leon das anhaltende Gefühl, dass alle anderen intelligenter sind als er. Auch fühlt er sich zu dick und unsportlich und hat das Gefühl, nicht besonders beliebt zu sein. Er fürchtet gleichzeitig, dass seine Selbstzweifel von anderen bemerkt werden könnten. Vor allem in Situationen, in denen er sich besonders unsicher fühlt, wie beispielsweise im Sportunterricht oder bei Gruppenarbeiten, reagiert er in letzter Zeit vermehrt gereizt und aggressiv. Dies äußert sich darin, dass er abwertende Bemerkungen über das Erscheinungsbild und die Leistungen seiner Mitschülerinnen und Mitschüler macht oder sogar physisch aggressiv wird. Leon hat in seiner Klasse zwei enge Freunde, Tim und Simon, mit denen er seit der fünften Klasse befreundet ist. In den letzten Wochen hat sich Leon jedoch auch gegen die beiden gewandt, und es kam zu drei größeren Auseinandersetzungen. Bei einer davon hat Leon Tim geboxt, woraufhin Tim und Simon nun Leon meiden.

Nachdem er solche Kommentare gemacht oder zugeschlagen hat, fühlt Leon sich kurzfristig meist besser und »stärker«. Die erhoffte Anerkennung durch andere bleibt aber meistens aus, und Leon fällt nach seinen Wutausbrüchen immer tiefer in ein Loch und es tut ihm leid. Er weiß aber nicht, wie er sich entschuldigen kann, ohne »schwach« zu wirken. Leon schämt sich dann sehr und grübelt abends meist stundenlang über die Ereignisse des Tages nach.

Frau H., Leons Klassenlehrerin, ist zunehmend besorgt über sein auffälliges und verändertes Verhalten. Nicht nur hat es in der Schule mehrere Vorfälle von aggressiven Konflikten gegeben, auch wirkt Leon häufig desinteressiert und beteiligt sich kaum noch aktiv am Unterricht. Leon hatte schon immer Schwierigkeiten, sich sprachlich auszudrücken. Dennoch hat er zuvor zumindest gelegentlich versucht, sich zu beteiligen. In letzter Zeit jedoch schweigt er komplett im Unterricht. Leons schulische Leistungen waren meistens eher unterdurchschnittlich, vor allem in Deutsch und Englisch hatte er erhebliche Schwierigkeiten. Hingegen konnte er sich in Biologie und Werken besser einbringen und zeigte Interesse an diesen Themen. In den letzten zwei Monaten jedoch haben sich seine schulischen Leistungen in allen Fächern drastisch verschlechtert. Auch in Werken beginnt er neue Projekte nicht mehr so enthusiastisch wie zuvor. In der letzten Woche hat er, als ihm etwas nicht gelang, ein Stück Holz wutentbrannt gegen die Wand geworfen. Er wirkt bedrückt, und wenn die Lehrkraft ihn anspricht, reagiert er meist mit Verzögerung und gibt knappe Antworten wie »Nope« oder »Keine Ahnung«. Während Gruppenarbeiten sitzt Leon meist nur da und scheint in Gedanken versunken zu sein. Frau H. hat mehrmals beobachtet, wie er einfach auf sein Blatt starrt oder irgendwann den Kopf auf den Tisch legt. Es kam auch mehrmals vor, dass er im Unterricht eingeschlafen ist.

Frau H. beschließt, aktiv zu werden und dem Problem auf den Grund zu gehen. Zuerst will sie mit Leons Eltern reden. Doch es geht trotz mehrmaliger Versuche niemand ans Telefon, auch Nachrichten auf dem Anrufbeantworter und E-Mails bleiben unbeantwortet. Dies wundert Frau H. nicht, da die Eltern auch in der Vergangenheit schon sehr schwer zu erreichen waren und weder zu Elternabenden noch Elternsprechtagen erschienen sind.

Mit einigen anderen Lehrkräften der 7c konnte sich Frau H. bereits »zwischen Tür und Angel« über Leons verändertes Verhalten austauschen. Die meisten ihrer Kolleginnen und Kollegen scheinen aber sehr genervt zu sein von ihm und betonen die aggressiven Auseinandersetzungen in letzter Zeit, »die alle von Leon ausgingen«. Nur der Deutschlehrer, Herr S., stimmt mit Frau H. überein, dass »mehr« hinter Leons verändertem Verhalten und Auftreten steckt und sie handeln sollten. Frau H. hat sich auch Gedanken darüber gemacht, ob Leon in Hinblick auf suizidales Verhalten gefährdet sein könnte. Es sind ihr aber keine Verhaltensweisen oder Aussagen aufgefallen oder zu Ohren gekommen, die darauf hindeuten. Auch auf Nachfrage bei ihren Kolleginnen und Kollegen kann keiner etwas berichten. Frau H. macht sich jedoch eine Notiz, dies ggf. beim Gespräch mit Leon anzusprechen und das Verhalten von Leon noch aufmerksamer zu beobachten (▶ Kap. 4.7).

Vor einigen Monaten nahm Frau H. an einer Weiterbildung zum Thema »Depressionen bei Kindern und Jugendlichen« teil und erinnert sich daran, dass aggressive Verhaltensweisen in Zusammenspiel mit anderen spezifischen Symptomen (▶ Kap. 2.1) vor allem bei Jungen ein Indikator für eine depressive Entwicklung sein können. Obwohl Frau H. noch nicht lange an der Schiller-Gemeinschaftsschule arbeitet, hat sie bereits festgestellt, dass in Teilen des Kollegiums große Unsicherheiten bezüglich des Themas »Psychische Gesundheit von Schülerinnen und Schülern« vorhanden sind.

5.3.2 Vorbereitung

Nachdem Frau H. sich mit einigen ihrer Kolleginnen und Kollegen informell besprochen hat, entscheidet sie sich, die Situation in der Klassenkonferenz zur Sprache zu bringen. Obwohl sie auf einige Widerstände stößt, gelingt es dennoch, eine Einigung darüber zu erzielen, dass gezieltes Handeln erforderlich ist. Es wird beschlossen, den Schulsozialarbeiter Herrn K. hinzuzuziehen, der Leon bereits seit langem kennt. Herr K. hatte in der Vergangenheit bereits ausführlichen Kontakt mit Leon im Rahmen eines Verdachts auf Kindeswohlgefährdung und hat ein gutes Verhältnis zu ihm aufgebaut.

Die Ergebnisse der eingeholten Informationen und Gespräche hält Frau H. in der Pädagogischen Dokumentation fest.

Tab. 10: Pädagogische Dokumentation: Leon

Anlass	Mehrere aggressive Auseinandersetzungen mit Mitschülern
Informationen zur schulischen Entwicklung	In Grundschule Probleme mit Schriftspracherwerb Ab dritter Klasse zeitweise Verhaltensauffälligkeiten

5 Fallbeispiele

Tab. 10: Pädagogische Dokumentation: Leon – Fortsetzung

	Probleme mit Schriftsprache bekannt Gute Leistungen in Biologie und Werken, sonst unterdurchschnittlich Seit Anfang siebter Klasse Einbruch schulischer Leistungen in allen Fächern
Familiärer Hintergrund	Eltern zusammenlebend, Bruder (18 Jahre) wohnt nicht mehr Zuhause Eltern arbeiten viel in eigener Gaststätte, Leon nachmittags/abends meist alleine Zuhause Gute Beziehung zur Oma Eltern nicht erreichbar und unkooperativ
Aktuelle Lebenssituation	Viel Streit Zuhause Schwierige Lebenssituation, Eltern Alkoholproblem
Belastungsfaktoren (schulisch/außerschulisch)	Schulisch: Selbstzweifel, Schwierigkeiten mit Schriftsprache Außerschulisch: familiäre Situation ungünstig
Ressourcen (schulisch/außerschulisch)	Schulisch: Freunde (Tim und Simon) – zurzeit aber zerstritten, Interessen an Werken und Biologie Außerschulisch: Oma, Bruder
Hinweise auf Suizidalität	Keine Hinweise bekannt
Auffälligkeiten im Verhalten	Gereizt und aggressiv gegenüber Mitschülerinnen und Mitschülern Keine Beteiligung im Unterricht, wirkt abwesend Oft müde, einschlafen im Unterricht
Auffälligkeiten im Denken	Negatives Selbstbild, Selbstzweifel Konzentrationsprobleme
Auffälligkeiten im emotionalen Erleben	Wirkt bedrückt

5.3 Fall Leon

Einig sind sich alle beteiligten Lehrkräfte zudem, dass die fehlende Kooperation der Eltern ein Problem darstellt. Nach Rücksprache mit der Schulleitung wird beschlossen abzuwarten, wie wirksam sich die zu planenden pädagogischen Initiativen zeigen, und ggf. auf die KiWo-Skala zurückzugreifen (▶ Kap. 3.4.4 Gesprächsablauf).

Frau H. wendet sich nach der Klassenkonferenz zunächst an den Schulsozialarbeiter Herrn K. und bespricht mit ihm anhand der Pädagogischen Dokumentation Leons Situation. Vor allem vor dem Hintergrund, dass sich Leons Eltern als unkooperativ erweisen, wird überlegt, wie man Leon auf anderem Weg helfen könnte:

- Leon sollte zeitnah ein Gespräch angeboten werden, bei dem sowohl Frau H. als auch Herr K. anwesend sind. Das Gesprächsangebot sollte so gestaltet werden, dass die Besorgnis über Leon und ein Unterstützungsangebot im Vordergrund steht.
- Es sollte baldmöglichst eine von Herrn K. mediierte Aussprache zwischen Leon und seinen Freunden stattfinden.

Aus der Dokumentation und den geführten Gesprächen lassen sich pädagogische Ziele ableiten, die auch im Gespräch mit Leon Thema sein sollen:

1. Leon soll lernen, mit seinen Gefühlen angemessener umzugehen und seine impulsiven, häufig aggressiven Reaktionen besser in den Griff zu bekommen.
2. Leon soll im Unterricht differenziertere Möglichkeiten bekommen, entlang seiner Fähigkeiten lernen und arbeiten zu können.
3. Leon soll wieder besser in die Klasse integriert werden.

Im Gespräch mit Leon sollen diese Ziele konkret benannt und gemeinsam mit ihm erarbeitet werden, wie diese Ziele erreicht werden können. Leons Eltern werden wiederholt aufgefordert, sich zu melden, da es für die Durchführung der Maßnahmen ihres Einverständnisses bedarf.

Tab. 11: Pädagogische Ziele und Initiativen: Leon

Pädagogisches ZIEL 1:	Pädagogische Initiative 1: WER macht WANN, WAS?
Reduktion aggressiven Verhaltens	• Strategien und Möglichkeiten zum besseren Umgang mit Gefühlen (u. a. mit Self-Compassion Übungen; Herr K. in Einzeltreffen)
Pädagogisches ZIEL 2:	**Pädagogische Initiative ZIEL 2: WER macht WANN, WAS?**
Schulische Unterstützung	• Strukturierte Arbeitshilfen (alle Lehrkräfte, ab sofort) • Nachteilsausgleich (alle Lehrkräfte, muss geprüft werden – Initiative durch Frau H.)
Pädagogisches ZIEL 3:	**Pädagogische Initiative ZIEL 3: WER macht WANN, WAS?**
Soziale Integration	• Klassenprojekt in Projektwoche (Hochbeet; Frau H. in Projektwoche) • Zusammenstellung Liste mit schulinternen und -externen Angeboten (z. B. Schul-AGs, Jugendtreffs; Herr K. in Einzeltreffen)

5.3.3 Pädagogische Initiativen

Nach wiederholten Versuchen, Leons Eltern telefonisch und per E-Mail zu kontaktieren, erreicht Frau H. Leons Mutter schließlich am Telefon. Leons Mutter gibt ihr Einverständnis zu den geplanten Maßnahmen:»Wenn es unbedingt sein muss, ich habe aber keine Zeit, mich um irgendwas zu kümmern.«

Gesprächsangebot an Leon

Nach ihrer nächsten Unterrichtsstunde spricht Frau H. Leon an und teilt ihm mit, dass sie sich um ihn sorgt und gerne ein Gespräch mit ihm führen würde. Zunächst reagiert Leon sehr ungehalten:»Was wollen Sie denn jetzt von mir? Es ist nichts los!« Zwei Tage später spricht sie ihn erneut an und schlägt vor, sich gemeinsam mit dem Schulsozialarbeiter Herrn K. zu treffen, um zu sprechen. Frau H. betont dabei, dass es keine Strafe ist, sondern dass sie in letzter Zeit beobachtet hat, dass es ihm nicht besonders gut zu gehen scheint und sie ihm gerne helfen würde. Dieses Mal stimmt Leon etwas widerwillig zu, und sie vereinbaren, sich am nächsten Tag nach der sechsten Stunde im Beratungsraum der Schulsozialarbeit zu treffen.

Beratungsgespräch mit Klassenlehrkraft und Schulsozialarbeit

Im Gespräch mit Frau H. und Herrn K. ist Leon anfänglich sehr verschlossen, blickt auf den Boden und reagiert teils nur schulterzuckend auf Fragen. Herr K. fängt an zu erzählen, dass es jedem Mal schlecht gehen kann und er versteht, dass vieles im Leben nicht einfach ist. Er fährt fort, dass man damit aber nicht alleine sein muss und er und Frau H. für ihn da seien und es auch nicht verurteilen würden, was Leon ihnen erzählen würde. Frau H. ergänzt, dass es in der Schule Möglichkeiten gäbe, ihm zu helfen, zum Beispiel den Unterricht anzupassen. Nach einer Weile fängt Leon an zu erzählen, dass es ihm »echt nicht so gut gehen würde«, aber »es Zuhause eh niemanden interessieren würde, was los sei«. Er sei »in der Schule immer der Dümmste«. Frau H. hinterfragt diese Annahmen von ihm vorsichtig, vor allem hinsichtlich seiner Interessen und Leistungen in Biologie und beim Werken. Frau A. fragt Leon auch, was ihm im Unterricht helfen würde. Leon sagt, dass er »manchmal lieber alleine arbeiten würde« und »oft zu wenig Zeit hat«. Auch berichtet er davon, dass sein »Kopf sich manchmal nur leer anfühlen würde« und er sich dann auf nichts würde konzentrieren können. Auf den Streit mit Tim und Simon angesprochen, sagt Leon, dass er nach kleinen Bemerkungen oft »direkt rotsehen« würde und es ihm danach aber immer »echt Leid« tun würde. Er könne sich in diesen Situationen sehr schlecht kontrollieren. Leon scheint vor allem bezogen auf den Streit mit seinen Freunden sehr betrübt und den Tränen nah zu sein. Dem Vorschlag einer Aussprache im Beisein von Herrn K. stimmt er zu. Auf eine abschließende Nachfrage von Herrn K. bezogen auf seine Eltern äußert Leon nur, dass es Zuhause zurzeit »schwierig« sei. Frau H. bedankt sich bei Leon am Ende des Gespräches für sein Vertrauen und erfragt sein Einverständnis, die besprochenen Ziele gemeinsam anzugehen. Leon stimmt zu und vereinbart zunächst wöchentliche Treffen mit Herrn K. und einen weiteren Termin mit Frau H.

Schulische Unterstützung

Auf der nächsten Konferenz informiert Frau H. ihre Kolleginnen und Kollegen über die geplanten pädagogischen Initiativen und bittet um ein gemeinsames und strukturiertes Vorgehen. Verschiedene Optionen werden diskutiert und sich auf folgende Punkte geeinigt:

- Alle Kolleginnen und Kollegen werden Leon vermehrt strukturierte Arbeitshilfen bei Aufgaben und Prüfungen als Hilfestellung geben.
- Leon soll die Möglichkeit bekommen, den Unterricht bei Bedarf zu verlassen und im »Raum für offenes Lernen« der Schule Aufgaben individuell zu bearbeiten.
- Die Option eines Nachteilsausgleichs soll geprüft werden.

Soziale Integration

Um die Klassengemeinschaft zu stärken, plant die 7c für die anstehende Projektwoche etwas, bei dem alle zusammenarbeiten müssen. Frau A. initiiert hierzu die Planung, den Bau und die Bepflanzung eines Hochbeetes für den Schulgarten. Vorab erarbeitet sie zusammen mit ihrer Klasse Regeln für die Arbeit am Projekt. Danach werden Kleingruppen gebildet und verschiedene Aufgaben (z.B. Bau des Hochbeetes, Auswahl und Einpflanzen der Pflanzen, etc.) verteilt, wobei sich Leon für die Gruppe zum Zusammenbau des Hochbeetes entscheidet.

Der Schulsozialarbeiter Herr K. schlägt Leon zudem eine Reihe von Aktivitäten im Nachmittagsbereich der Schule vor, so gibt es eine

Schulgarten-AG sowie die Box-AG, an denen Leon mäßiges Interesse bekundet. Herr K. ermutigt ihn, es wenigstens einmal auszuprobieren. Zusätzlich gibt er Leon eine Liste mit Beratungsstellen für Jugendliche (regional und online) und stellt den Kontakt zu einem örtlichen Jugendtreff für Kinder und Jugendliche in schwierigen familiären Situationen her. Diese meldet zurück, dass Leon sehr gerne zu einem der wöchentlichen Treffen dazukommen kann, welches Herr K. an Leon weitergibt. Sie besprechen gemeinsam, wo dieser Jugendtreff stattfindet und wie Leon dorthin kommen könnte.

Wenn-Dann-Pläne

Frau H. trifft sich in einer Freistunde eine Woche später mit Leon, um *Wenn-Dann-Pläne* für und mit ihm aufzustellen. Nachdem sie ihm das Konzept erklärt hat, diskutieren sie, welche Verhaltensweisen Leon gerne ändern würde und formulieren Ziele für ihn:

- Ziel 1: »Ich möchte meine Aggressionen besser kontrollieren.«
- Ziel 2: »Ich möchte meine Aufmerksamkeit im Unterricht verbessern.«

Im Anschluss daran erarbeiten sie zu den Zielen passende konkrete Strategien:

- Strategie 1: »Wenn ich merke, dass ich wütend werde, verlasse ich die Situation und atme dreimal tief ein und aus.«
- Strategie 2: »Wenn ich im Unterricht merke, dass ich abschweife und eine Pause brauche, dann verlasse ich den Klassenraum und gehe eine Runde über den Schulhof.«

Leon schreibt die Ziele mit passenden Strategien auf zwei Karten, die Frau H. vorbereitet hat, damit er sie immer dabeihat. Zudem informiert sie nach dem Gespräch ihre Kolleginnen und Kollegen über die umzusetzenden Strategien.

Selbstmitgefühl

Schulsozialarbeiter Herr K. denkt, dass Leon von einer Stärkung seines Selbstmitgefühls (▶ Kap. 4.3) profitieren könnte. Er will daher mit Leon das Konzept erarbeiten und Übungen durchführen. Als erstes fasst Herr K. für Leon zusammen, was Selbstmitgefühl bedeutet und warum es für ihn hilfreich sein kann. Danach gestalten die beiden zusammen einen Sorgenstein. Leon sucht sich dafür aus einer Auswahl von Steinen einen aus und bemalt diesen anschließend mit Motiven, die seine Wünsche in angespannten Situationen darstellen. So malt er zum Beispiel »1–2–3«, welches ihn an die drei Atemzüge erinnern soll, welche er in Streitsituationen nehmen will, sowie eine Sonne als Erinnerung rauszugehen auf den Stein. Leon nimmt sich vor, den Stein immer in seiner Hosentasche oder im Schulranzen zu haben und sich bei großer Anspannung (zum Beispiel bei Auseinandersetzungen) darauf zurückzubesinnen und in der Hand zu halten. Trotz anfänglichem Desinteresse scheint Leon Gefallen an der kreativen Aufgabe zu haben. Für die nächsten Sitzungen überlegt Herr K. noch andere kreative Übungen sowie eine angeleitete Entspannung mit Leon durchzuführen.

Schulinterne Psychoedukation

Frau A. schlägt der Schulleiterin vor, den nächsten Schulentwicklungstag zum Thema »Psychische Gesundheit von Schülerinnen und Schülern« zu veranstalten. Dort soll unter anderem auch eine psychoedukative Fortbildung zu Depressionen im Kindes- und Jugendalter angeboten werden. Als erste Maßnahme werden im Intranet der Schule die »*Informationen für das Kollegium: Depressive Entwicklung*« (siehe Anhang) hochgeladen und auch im Lehrkraftzimmer einige Exemplare ausgelegt.

5.3.4 Evaluation

Bei der folgenden Klassenkonferenz wird diskutiert, ob die festgelegten Ziele *Reduktion des aggressiven Verhaltens, schulische Unterstützung* und *soziale Integration* erreicht wurden bzw. wie und ob diese ggf. angepasst werden müssen. Schulsozialarbeiter Herr K. ist auch anwesend, um seine Einschätzung abzugeben. Es wird vor allem besprochen, wer verantwortlich ist für die Anpassung und weitere Umsetzung der pädagogischen Ziele.

Die Treffen von Herrn K. mit Leon werden beibehalten, außerdem führt Frau H. regelmäßige Kurzkontakte mit Leon durch. Weiterhin wird versucht, einen Kontakt zu Leons Eltern zu ermöglichen.

Falls sich die Situation von Leon weiter verschlechtern sollte, zum Beispiel durch Anzeichen von Suizidalität oder verstärktes aggressives Verhalten, wird die Möglichkeit des Einsatzes der KiWo-Skala Schulkind (Bensel & Haug-Schnalbel, 2016) und der Einbezug des Jugendamts in Betracht gezogen. In einem solchen Fall würde Frau H. auch versuchen, eine kinder- und jugendpsychiatrische Abklärung zu vermitteln.

5.4 Fall Zoé

Nach der dritten Stunde kommt die neunjährige Zoé auf ihre Lehrerin Frau A. zu, klagt über Kopfschmerzen und Unwohlsein und bittet sie, ihre Eltern anzurufen und nach Hause gehen zu dürfen. Frau A. kommt Zoés Wunsch nach, und zwanzig Minuten später verlässt Zoé mit ihrer Mutter das Schulgelände. Frau A. ist aufgefallen, dass Zoé in letzter Zeit häufiger aufgrund von körperlichen Beschwerden zu Hause bleibt oder früher abgeholt wird; häufig an Tagen, an denen die Klasse Sportunterricht hat, wie auch heute in der vierten Stunde. Zudem hat sie den Eindruck, dass Zoé in letzter Zeit selten fröhlich und ausgelassen wirkt, wie es bei den meisten Kindern ihrer dritten

Klasse der Fall ist. Im Unterricht wirkt sie oft zerstreut und niedergeschlagen. Frau A. schätzt Zoés Leistungsfähigkeit eigentlich als durchschnittlich ein – ihre derzeitigen Leistungen spiegeln dies jedoch nicht wieder und haben in den letzten Monaten stark abgenommen. In den Pausen sitzt Zoé meist allein im Klassenzimmer oder in der Eingangshalle. Frau A. beschließt, diese negative Entwicklung nicht hinzunehmen, sondern herauszufinden, wie Zoé unterstützt werden kann.

5.4.1 Ausgangslage

Zoé ist 9;2 Jahre alt und besucht die dritte Klasse der regionalen Grundschule. Sie hat keine Geschwister und wohnt mit ihren Eltern in einer kleinen Wohnung am Stadtrand. Zoés Vater ist seit einigen Jahren schwer an Diabetes erkrankt; er ist stark übergewichtig und musste im vergangenen Jahr zwei Mal mit dem Krankenwagen ins Krankenhaus gebracht werden, weil er Atemnot hatte. Die Familie belastet die Situation sehr. Finanziell stehen Zoés Eltern vor großen Herausforderungen, da beide Elternteile nicht berufstätig sind und Bürgergeld erhalten. Während Zoés Vater aus gesundheitlichen Gründen nicht arbeitsfähig ist, ist ihre Mutter bereits seit zwei Jahren auf der Suche nach einer Stelle. Als gelernte Verkäuferin hat sie auf ihre Bewerbungen allerdings bislang nur Absagen erhalten, was sie sehr frustriert. Gleichzeitig ist Zoés Mutter mit der Pflege ihres Mannes im Alltag weitgehend ausgelastet, so dass eine berufliche Tätigkeit kaum zu bewerkstelligen wäre. Zoé, die ebenfalls übergewichtig ist, macht sich viele Sorgen um ihren Vater. Doch auch um ihre eigene Gesundheit macht sie sich sehr viele Gedanken. Zudem ist ihr bewusst, dass die Familie wenig Geld hat, was sie zusätzlich belastet. Sie träumt davon, einmal mit ihrer Familie in den Urlaub zu fahren – am liebsten dorthin, wo es das ganze Jahr über warm ist.

5.4.2 Schulische Situation

Zoés schulische Leistungen sind fächerübergreifend unterdurchschnittlich. Ihre Klassenlehrerin Frau A. hat schon seit Längerem beobachtet, dass Zoé sich nicht sehr lang mit einer Aufgabe beschäftigen kann; ihre Gedanken scheinen abzuschweifen, ihre Konzentration schnell nachzulassen. Die schwachen Leistungen liegen also vermutlich v. a. an einer mangelnden Aufmerksamkeits- und Konzentrationsfähigkeit. Zu Beginn von Zoés Schulzeit waren diese Auffälligkeiten so noch nicht zu erahnen. Durch gelegentliche Gespräche hat Frau A. bereits mitbekommen, dass Zoé auch in der Schule oft an ihre Familie denkt und sich Sorgen macht. Sie scheint in ihrem jungen Alter bereits das Gefühl zu haben, zu einem großen Teil für die Zukunft der Familie verantwortlich zu sein.

Im sozialen Miteinander hat Zoé keinen leichten Stand in der Klasse. Ihr Übergewicht nehmen einzelne Schülerinnen und Schüler immer wieder zum Anlass, sie zu ärgern bzw. insbesondere im Sportunterricht zu ignorieren. Zoé selbst traut sich meist nicht, andere anzusprechen, weshalb sie überwiegend allein ist. Vor kurzem ist aber ein Mädchen, Emilia, neu in die Klasse gekommen, die nun Zoés Sitznachbarin ist. Es deutet sich an, dass die beiden Mädchen sich gut verstehen.

5.4.3 Vorbereitung pädagogischer Initiativen

Frau A. informiert zunächst die Schulleitung über ihre Eindrücke – insbesondere darüber, dass Zoé sich häufiger abholen lässt, sozial isoliert wirkt und ihre Konzentration und damit auch die schulischen Leistungen in letzter Zeit deutlich abgenommen haben. Sie vereinbart mit der Schulleitung, Zoés Verhalten in der kommenden Woche noch einmal zu beobachten und ihre Erkenntnisse zu dokumentieren.

Verhaltensbeobachtung

Frau A. nimmt sich daher vor, in den nächsten Unterrichtsstunden ein Protokoll anzufertigen, auf dem sie Zoés Verhalten stichwortartig notiert. Um die Doppelrolle als Beobachterin und Lehrkraft zu vermeiden, hätte sie gerne ihre Kollegin aus der Parallelklasse als unabhängige Beobachterin eingesetzt (▶ Kap. 3.2 Verhaltensbeobachtung); da dies zeitlich allerdings nicht umsetzbar war, entscheidet sie sich, diese Rolle selbst zu übernehmen. In den Pausen und in anderen ungeplanten Situationen nimmt sich Frau A. vor, Zoé im Blick zu behalten und unmittelbar im Anschluss ihre Beobachtungen zu notieren. In Tabelle 12 sind ihre Notizen beispielhaft für die folgenden drei Tage dargestellt.

Tab. 12: Verhaltensbeobachtung von Zoé durch Frau A.

Datum, Uhrzeit	Kontextsituation	Beobachtetes Verhalten	Beobachtende Person
26.05. 8.50 – 9.35 Uhr	Deutschunterricht	Zoé schaut während einer Textarbeit immer wieder aus dem Fenster (~5 Min) Reagiert auf eine Frage zum Text mit Nachfrage (hat offensichtlich nicht zugehört) Keine freiwillige Wortmeldung während der Stunde	Klassenlehrerin Frau A.
26.05. 9.50 – 10.35 Uhr	Sachunterricht	Unterhält sich kurz mit Sitznachbarin (gut!) Keine Wortmeldung während der Stunde	Klassenlehrerin Frau A.
27.05. 8.00 – 8.45 Uhr	Deutschunterricht	Zoé gähnt mehrmals (5x), wirkt müde Hat die Hausaufgaben nur flüchtig gemacht Beteiligt sich am Buchstabenspiel nur nach Aufforderung	Klassenlehrerin Frau A.

Tab. 12: Verhaltensbeobachtung von Zoé durch Frau A. – Fortsetzung

Datum, Uhrzeit	Kontextsituation	Beobachtetes Verhalten	Beobachtende Person
27.05. 8.45 – 8.50 Uhr	Kleine Pause: kurzes Gespräch mit Zoé	Ich spreche Zoé darauf an, dass sie müde wirkt. Sie antwortet nur kurzsilbig »hm«. Auf Nachfrage, ob sie schlecht geschlafen habe, sagt sie: »Ja, wie immer eigentlich.« Auf Nachfrage nach den Gründen, sagt sie, es sei alles kompliziert und sie müsse viel nachdenken.	Klassenlehrerin Frau A.
27.05. 9.35 – 9.50 Uhr	Große Pause	Zoé taucht erst am Ende der Pause auf dem Schulhof auf Steht allein am Rand des Hofes Mitschüler piekst sie am Pausenende beim Vorübergehen in den Bauch und rennt lachend davon	Klassenlehrerin Frau A.
28.05. 8.00 – 8.45 Uhr	Sachunterricht	Zoé sieht verschlafen aus Schaut mehrmals (4x) länger aus dem Fenster Beteiligt sich nicht am Unterricht Weiß bei Aufforderung zu einer Aufgabe nicht, wo wir sind	Klassenlehrerin Frau A.
28.05. 9.35	Große Pause	Zoé kommt aufgelöst zu mir. Sie erzählt, ihrem Vater gehe es nicht gut und sie mache sich große Sorgen um ihn, weshalb sie nach Hause gehen möchte. Nach einem Telefonat mit Zoés Mutter wird sie abgeholt.	Klassenlehrerin Frau A.

Kollegialer Austausch

Während der Woche sucht Frau A. zudem das Gespräch mit Kolleginnen und Kollegen, die ebenfalls in Zoés Klasse unterrichten. Diese bestätigen die Eindrücke von Frau A., dass Zoé häufig müde, unkonzentriert und lustlos wirkt. Frau B., die den Mathematikunterricht gibt, ergänzt zudem, dass Zoé in den letzten Wochen im Kontext von Leistungsabfragen mehrfach geäußert habe, »zu blöd für alles« zu sein. Sportlehrerin Frau K. bestätigt darüber hinaus, dass Zoé Schwierigkeiten in der Klassengemeinschaft habe. Aufgrund ihres Übergewichts sei sie bei Sportspielen unbeliebt und werde hin und wieder geärgert.

Die aktuellen Beobachtungen und der Austausch mit den Kolleginnen untermauern also Frau A.s vorherige Eindrücke.

Erstgespräch mit der Schülerin

Frau A. lädt Zoé daher in einer großen Pause zu einem Gespräch im Klassenzimmer ein. Sie erklärt Zoé, dass sie gern mit ihr darüber sprechen wolle, wie es Zoé geht. Sie beschreibt ihre Beobachtungen der letzten Wochen und äußert den Wunsch, mit Zoé darüber zu sprechen und zu überlegen, wie es für sie gut weitergehen kann. Sie fragt explizit nach Zoés Sichtweise: »Mich würde interessieren, wie du darüber denkst und wie es dir geht.« Zoé, die offensichtlich positiv überrascht von der Zuwendung ist, erzählt Frau A. erneut, dass es zu Hause sehr schwierig sei. Frau A. erfährt, dass die Krankheit von Zoés Vater nicht nur für ihn, sondern für die ganze Familie eine große Belastung ist. Es wird deutlich, dass Zoé abends immer sehr spät ins Bett geht und Angst hat, in der Nacht könnte ihrem Vater etwas passieren. »Dabei muss ich in der Schule doch gut sein, damit ich einen Beruf bekomme«, sagt sie schließlich. Frau A. bedankt sich für Zoés Offenheit. Gemeinsam mit Zoé beschließt sie, auch mit ihren Eltern einmal darüber zu sprechen und dann zu überlegen, wie es am besten weitergeht.

Elterngespräch

Nach erneuter Rücksprache mit der Schulleitung nimmt Frau A. telefonisch Kontakt zu Zoés Eltern auf, um diese zu einem Beratungsgespräch einzuladen. Beim Telefonat zeigt sich Zoés Mutter sofort sehr offen. Sie ist nicht sehr überrascht über Zoés Situation in der Schule und kennt die sorgenvollen Gedanken von ihr. Es wird aber auch eine gewisse Hilflosigkeit deutlich, denn die Eltern scheinen mit der gesundheitlichen und finanziellen Belastung überfordert zu sein. Zu einem gemeinsamen Gespräch sind sie bereit. Dem Vorschlag von Frau A., die Schulsozialarbeiterin ebenfalls zu dem Gespräch einzuladen, stimmt sie zu. Das Gespräch findet nach Schulschluss statt, und Zoé spielt währenddessen zunächst auf dem Pausenhof und wird aber am Ende des Gesprächs dazu gebeten.

Zu Beginn des Gesprächs bedankt sich Frau A. bei allen Beteiligten für die Teilnahme. Nach einer kurzen Vorstellung erläutern sie und die Schulsozialarbeiterin Frau S. das vorrangige Ziel des Gesprächs: »Wir möchten gemeinsam Ideen erarbeiten, wie wir alle Zoé am besten unterstützen können.« Frau A. fasst noch einmal die Beobachtungen der letzten Wochen zusammen und fragt anschließend nach Erfahrungen und Einschätzungen der Eltern.

Zoés Mutter erzählt – etwas verunsichert – von Zoés Vaters Krankheit und dem hohen Pflegeaufwand. Sie erklärt, dass sie versuchen, die Probleme von Zoé fernzuhalten, dass diese aber natürlich die Schwierigkeiten mitbekomme. Sie sprechen über Zoés gesundheitliche und finanzielle Sorgen. Frau A. und Frau S. bedanken sich ausdrücklich für die Offenheit. Sie betonen, dass bereits eine wichtige Grundlage für die Unterstützung von Zoé geschaffen sei, indem sich die Eltern bewusst sind, dass ein neunjähriges Mädchen sich nicht um die finanziellen Schwierigkeiten der Eltern sorgen solle. Daran zu arbeiten, habe eine hohe Priorität, um die negativen Gedanken von Zoé zu reduzieren. Die Schulsozialarbeiterin schließt mit einigen psychoedukativen Informationen an, bei der sie betont, dass es vielen Menschen ganz ähnlich gehe und dass es wirksame Methoden gebe, wie man Zoé unterstützen könne. Gemeinsam planen sie einige kindgerechte Aktivitäten für Zoé, um Passivität und Rückzug entgegenzuwirken sowie sorgenfreie Tätigkeiten zu initiieren. Da Zoé sehr großes Interesse an Tieren hat, entsteht die Idee, beim nahegelegenen Reiterhof nachzufragen, ob Zoé dabei helfen kann, die Pferde zu pflegen. Ihre Neigung, sich um andere zu kümmern, würde dadurch kindgerecht berücksichtigt werden.

Zudem wird geplant, den sich anbahnenden Kontakt zu der neuen Mitschülerin zu fördern, z. B. durch Verabredungen in der Freizeit.

Frau A. bietet außerdem an, mit Zoé noch einmal ein ausführliches Beratungsgespräch zu führen, das sie mit der Schulsozialarbeiterin vorbereitet.

Diese betont schließlich, dass sie auch eine zusätzliche und umfassendere Beratung der Eltern für wichtig erachtet, um einen förderlichen Umgang mit den Problemen zu unterstützen. Hierfür verweist sie an die örtliche Sozialberatungsstelle und bietet an, umgehend Kontakt mit den Kolleginnen und Kollegen dort aufzunehmen. Die Eltern zeigen sich sichtlich erleichtert über die Angebote und betonen, dass sie alles tun wollen, um Zoé zu unterstützen. Frau S. bedankt sich dafür, weist aber erneut darauf hin, dass es dafür essentiell ist, dass die Eltern selbst aktiv werden, um die Probleme des Alltags in den Griff zu bekommen.

Am Ende des Gesprächs nimmt auch Zoé teil. Frau A. informiert sie über die besprochenen Inhalte und auch über die geplanten Vorhaben. Zoé nimmt die Vorschläge an und freut sich insbesondere über die Aussicht, auf dem Reiterhof aushelfen zu können.

Tab. 13: Pädagogische Dokumentation: Zoé

Anlass	Wirkt häufig müde Ist unkonzentriert und zerstreut Klagt regelmäßig über Bauchschmerzen Macht sich große Sorgen über familiäre Situation
Informationen zur schulischen Entwicklung	Besucht die 3. Klasse Leistungen früher durchschnittlich, seit einigen Monaten unterdurchschnittlich
Familiärer Hintergrund	Keine Geschwister Eltern beide nicht berufstätig
Aktuelle Lebenssituation	Vater mit starkem Diabetes und weiteren gesundheitlichen Beschwerden Mutter kümmert sich viel um den Vater Finanziell schwierige Situation
Belastungsfaktoren (schulisch/außerschulisch)	Schulisch schwierige soziale Situation: allein, wird geärgert, wenig Freundinnen und Freunde Familiäre Situation sorgt für große Belastung
Ressourcen (schulisch/außerschulisch)	Neue Mitschülerin könnte eine Freundin werden Kümmert sich gern (Idee: Tierpflege als außerschulische Ressource) Ist kooperativ Merkt sie, dass etwas funktioniert, ist sie motiviert
Hinweise auf Suizidalität	Keine
Auffälligkeiten im Verhalten	Häufige Fehlzeiten aufgrund körperlicher Beschwerden (z. B. Bauchschmerzen) Sozial eher isoliert Schwerer Stand in der Klasse (wird im Sportunterricht geärgert)
Auffälligkeiten im Denken	Macht sich viele Gedanken und Sorgen um ihre Familie (Krankheit des Vaters, finanzielle Lage der Eltern) Dem jungen Alter unangemessenes Verantwortungs- und Pflichtgefühl, der Familie helfen zu

5 Fallbeispiele

Tab. 13: Pädagogische Dokumentation: Zoé – Fortsetzung

	müssen
	Geringe Aufmerksamkeits- und Konzentrationsspanne
Auffälligkeiten im emotionalen Erleben	Wirkt oft niedergeschlagen, z. T. auch emotional ausdruckslos

Tab. 14: Pädagogische Ziele und Initiativen: Zoé

Pädagogisches ZIEL 1:	**Pädagogische Initiative ZIEL 1: WER macht WANN, WAS?**
Reduktion von Sorgen um die Familie	Beratungsgespräch mit Zoé (Frau A.) • Initiierung kindgerechter Aktivitäten: Zoé hilft regelmäßig auf dem Reiterhof bei der Pferdepflege; Mutter fragt beim Reiterhof an (Frau A. erkundigt sich nach dem Erfolg) • Spielverabredung mit neuer Mitschülerin • Sozialberatung der Eltern (extern)
Pädagogisches ZIEL 2:	**Pädagogische Initiative ZIEL 2: WER macht WANN, WAS?**
Soziale Situation von Zoé verbessern	• Spielverabredungen mit neuer Mitschülerin (Zoé bzw. Eltern) • Kooperation mit Sportlehrerin: Unterbinden von Mobbing-Verhalten • Stärkung des Klassenklimas durch Gruppenaktivitäten (muss noch geplant werden)

5.4.4 Umsetzung der pädagogischen Initiativen

Beratungsgespräch mit Zoé

Frau A. tauscht sich im Vorfeld des Gesprächs noch einmal mit der Schulsozialarbeiterin aus, die ihr einige Informationen gibt bzw.

5.4 Fall Zoé

Punkte hervorhebt, die ihrer Ansicht nach im Gespräch thematisiert werden sollten.

Eine Woche nach dem Elterngespräch trifft sich Frau A. – immer noch etwas unsicher bezüglich der Gesprächsführung – nach der letzten Stunde mit Zoé im kleinen Besprechungsraum. Zu Beginn greift sie das Elterngespräch aus der letzten Woche auf und fragt Zoé nach dem geplanten Vorhaben, auf dem Reiterhof auszuhelfen. Zoé berichtet, dass ihre Mutter dort bereits angerufen habe und nächste Woche ein Treffen auf dem Hof geplant sei, um sich kennen zu lernen und dann weiter zu sehen. Anschließend fragt Frau A. nach dem Wohlbefinden von Zoés Vater. Nach einer kurzen Schilderung führt sie fort: »Ich habe den Eindruck, du machst dir viele Gedanken über deine Familie. Das ist sehr fürsorglich, aber ich kann mir vorstellen, dass es auch ganz schön anstrengend ist.« Zoé bestätigt das und sagt, dass sie daher abends auch oft müde sei und trotzdem nicht einschlafen kann. Frau A. äußert an dieser Stelle Verständnis für Zoés Situation und erklärt ihr zudem, dass es viele Kinder und Jugendliche gibt, die sich Sorgen machen (▶ Kap. 3.4.7 Psychoedukation für Schülerinnen und Schüler). Sie erzählt ihr, dass sie darüber auch mit Zoés Eltern gesprochen hat und dass die Eltern nun auch beraten werden. Frau A. fragt Zoé schließlich, wie es ihr gehe, wenn sie sich diese Gedanken über ihre Familie macht und schließt mit einem Erklärungsmodell über den Zusammenhang von Gedanken und Gefühlen an (▶ Kap. 4.1 Bewältigung negativen Denkens). Dann ergänzt Frau A. Zoé, dass nicht nur die Gedanken einen Einfluss auf die Gefühle haben, sondern auch das Verhalten (▶ Kap. 4.6 Bewältigung von Passivität und Rückzug). Mit Fragen wie »Kennst du das, dass du dich anders fühlst, wenn du etwas tust oder nicht tust?«/»Fällt dir dazu ein Beispiel ein?« versucht Frau A. stets, Zoé einzubeziehen.

Schließlich fragt Frau A. nach Situationen in der Schule, die für Zoé möglicherweise schwierig sein könnten. Zoé signalisiert umgehend, dass es dort etwas gibt, äußert dann aber erst auf weitere Nachfragen, dass sie den Sportunterricht oft nur schwer ertragen kann, weil sie dort oft geärgert werde oder sich nutzlos vorkomme. Da Frau A. sich hierbei selbst etwas hilflos fühlt, sagt sie Zoé zunächst einmal zu, dass sie sich darüber noch einmal mit der Sportlehrerin austauschen werde. Sie fragt aber auch, ob es Dinge gibt, die Zoé in oder auch nach solchen oder anderen belastenden Situationen Kraft geben können (»Kraftgeber«, ▶ Kap. 4.2 Aktivierung interner und externer Ressourcen). Zoé erzählt ihr, dass sie im Schulgarten ein kleines Versteck hat, in das sie sich dann manchmal zurückziehe, um wieder Kraft zu tanken. Frau A. bestärkt sie darin, dieses Versteck als Kraftgeber zu nutzen. Da Zoé auch äußert, dass es ihr helfen würde, wenn sie eine Freundin hätte, lenkt Frau A. das Gespräch auf Emilia, die neue Mitschülerin. Zoé äußert tatsächlich die Hoffnung, dass sich hier eine Freundschaft entwickeln könnte.

Da Zoé abschließend keine Fragen mehr hat, bedankt sich Frau A. ausdrücklich bei ihr. Beide vereinbaren, in einigen Wochen noch einmal ein Gespräch zu führen.

Frau A. sieht sich nach dem Gespräch in den geplanten Initiativen bestätigt. Durch die Tierpflege und die Förderung von Sozialkontakten können nicht nur Verhaltensweisen initiiert werden, die sich positiv auf die Stimmung auswirken und den Fokus von sorgenvollen Gedanken nehmen, sondern gleichzeitig auch Ressourcen aktiviert werden, die Zoé zusätzlich stärken können. Darüber hinaus plant Frau A. nun noch einmal einen Austausch mit der Sportlehrerin, um Zoé eine unbeschwerte Teilnahme am Sportunterricht zu ermöglichen. Zudem hat Frau A. die Idee entwickelt, das Thema Selbstmitgefühl im Unterricht aufzugreifen (▶ Kap. 4.3 Stärkung von Selbstmitgefühl) – hierfür plant sie ein erneutes Gespräch mit der Schulsozialarbeiterin, da sie noch über zu wenig Wissen darüber verfügt.

Initiierung kindgerechter Aktivitäten

Frau A. bleibt in den kommenden Wochen in regelmäßigem Kontakt mit Zoés Mutter, um die Anbahnung der Aushilfe auf dem Reiterhof zu begleiten. Dabei soll es in erster Linie um die Mithilfe bei der Pflege der Tiere gehen. Wenn möglich, kann sich im Laufe der Zeit daran durchaus auch klassischer Reitunterricht anschließen; vordergründig sollten aber zunächst Aktivitäten sein, die Zoés fürsorglicher Persönlichkeit entgegenkommen und ihr einen engeren Kontakt zu den Tieren ermöglichen. In einem Telefonat mit Zoés Mutter erfährt Frau A., dass Zoé nach einem Kennenlerntermin auf dem Hof tatsächlich zwei Mal pro Woche für jeweils zwei Stunden auf dem Reiterhof aushelfen kann. Damit erhält Zoé zum ersten Mal eine regelmäßige Freizeitbeschäftigung.

Den Kontakt zu den Eltern der neuen Mitschülerin Emilia hat Frau A. vermittelt. Eine erste Verabredung ist bereits geplant.

5.4.5 Evaluation

Frau A. steht weiter im Austausch mit Zoés Mutter. Die Aufnahme kindgerechter Aktivitäten (u. a. Pferdepflege auf dem Reiterhof, Spielverabredung mit neuer Mitschülerin) wird sichergestellt. Auch die externe Beratung der Eltern wird erfragt. Frau A. bleibt zudem im regelmäßigen Austausch mit der Schulsozialarbeiterin sowie mit der Sportlehrerin, um die Belastungen im Sportunterricht im Blick zu behalten. Das Kollegium wird über die pädagogischen Initiativen in Kenntnis gesetzt. In einigen Wochen ist ein erneutes Gespräch mit Zoé stattfinden, um potenzielle Veränderungen und weiteren Handlungsbedarf zu eruieren.

5.5 Fall Sofia

5.5.1 Ausgangslage

Am Freitagmorgen versammeln sich die Schülerinnen und Schüler der Klasse 7b auf dem Schulhof, ein Reisebus steht bereit: Die Klasse hat einen Ausflug ins historische Wikingerdorf geplant. Auch Sofia hat sich auf dem Schulhof eingefunden, steht im Gegensatz zu ihren Mitschülerinnen und Mitschülern jedoch allein und hat den Blick gesenkt. Klassenlehrerin Frau W., der aufgefallen ist, dass Sofia in letzter Zeit häufig für sich allein ist, geht auf Sofia zu. Sie weiß, dass sich Sofia für Geschichte interessiert und spricht sie auf Einzelheiten an, die sie im Wikingerdorf erwarten. Sofia sagt daraufhin, sie habe Bauchschmerzen und wolle doch lieber nicht mitfahren; sie bittet darum, von ihrer Mutter abgeholt zu werden.

Während der Busfahrt denkt Frau W. über Sofias Verhalten in den letzten Wochen nach und macht sich zunehmend Sorgen um ihr Wohlbefinden. Ihr fallen mehrere Situationen ein, in denen Sofia auffallend zurückgezogen und niedergeschlagen wirkte; während sie sich früher zumindest vereinzelt am Unterricht beteiligte, hat sie ihre Mitarbeit zuletzt vollständig eingestellt. Als Frau W. überlegt, mit wem Sofia befreundet ist, fällt ihr niemand ein – im Gegenteil, sie scheint einen schweren Stand in der Klassengemeinschaft zu haben. Frau W. beschließt, nach dem Wochenende einige Einschätzungen aus dem Kollegium einzuholen. Bevor der Bus das Wikingerdorf erreicht, notiert sie in ihrem Taschenkalender noch die Wörter »Niedergeschlagenheit,« »sozial isoliert« und »Rückzugsverhalten«, die Sofias Auftreten ihrer Ansicht nach am besten beschreiben.

5.5.2 Informationen zur Person und familiärer Hintergrund

Sofia ist 12;9 Jahre alt und lebt mit ihren Eltern und ihrer 10 Jahre alten Schwester Anna in einer Fünf-Zimmer-Wohnung unweit der Schule in der zweitgrößten Stadt des Bundeslandes. Ihre Eltern sind beide berufstätig. Vor wenigen Wochen teilten sie ihren Töchtern mit, dass sie sich vorübergehend trennen werden. Die Stimmung zu Hause ist seitdem sehr angespannt: Die Töchter leiden sehr unter der ungewissen Situation und wissen weder, wo sie nach der Trennung wohnen werden, noch ob die Eltern wirklich wieder zusammenkommen. Alltägliche Situationen wie Gespräche über die Schule münden nun häufig in Konflikten.

Stabile Freundschaften hat Sofia nicht. In der Grundschule hatte sie eine enge Freundin, die mit ihrer Familie jedoch vor einigen

Monaten in eine andere Stadt gezogen ist; Sofia vermisst sie sehr. Mit dem Schulwechsel in die Gesamtschule hat sich Sofia schwergetan. Sie verbringt den Großteil ihrer Freizeit allein oder mit ihrer Schwester. Oft schauen sie dann Comedy-Serien zusammen. Wirklich unbeschwert ist die Beziehung zu der knapp drei Jahre jüngeren Anna aber nicht. Schon vor der bekannt gewordenen Trennung der Eltern war diese emotional belastet und leidet unter Trennungsangst; die Eltern müssen sich viel um sie kümmern, wodurch Sofia sich oft allein gelassen fühlt.

Der Beginn der Pubertät sorgte bei Sofia für Unsicherheit: Sie ist mit ihrem Aussehen unzufrieden, findet sich zu dick und nicht weiblich genug. Sie ist davon überzeugt, dass auch Gleichaltrige sie nicht mögen.

5.5.3 Schulische Situation

Sofia geht in die siebte Klasse einer integrierten Gesamtschule. Zur Schule ist sie noch nie wirklich gern gegangen; der Wechsel nach der vierten Klasse in die weiterführende Schule war jedoch eine besondere Stresssituation für Sofia. Sich auf das neue Umfeld einzustellen, fiel ihr schwer; sie hat so gut wie keine Kontakte zu ihren Mitschülerinnen und Mitschülern, von denen sie die meisten vorher auch nicht kannte. Vor einigen Wochen hat sie mitbekommen, dass es eine WhatsApp-Gruppe gibt, in der Mitschülerinnen und Mitschüler u. a. Witze über Sofia machen. Dieses Cybermobbing-Verhalten ist seitdem häufiger geworden; mittlerweile werden auch Fotomontagen von Sofia verschickt, über die sich die Gruppe lustig macht. Sofia hat anfangs noch versucht, das zu ignorieren, doch mittlerweile ist sie massiv verunsichert und liegt abends oft noch lange wach, weil sie sich große Sorgen macht, wie sie je aus der Situation herauskommen soll. Oft bleibt sie aus Angst vor diesen Situationen zu Hause.

Sofias schulische Leistungen waren früher durchschnittlich. In den letzten Wochen sind die Noten gesunken, und Sofia bereitet sich auch kaum mehr auf den Unterricht oder Klassenarbeiten vor. Sie hat das

Gefühl, sich nicht konzentrieren zu können, und findet ohnehin mittlerweile alles ziemlich uninteressant; auch ihr früheres Lieblingsfach Geschichte begeistert sie nicht mehr.

5.5.4 Vorbereitung pädagogischer Initiativen

Am Montag in der ersten großen Pause spricht Frau W. zunächst mit zwei Kolleginnen, die in der Klasse 7b Englisch bzw. Mathe unterrichten. Die Mathelehrerin berichtet von häufigen Fehlzeiten Sofias und erlebt sie ebenfalls oft als isoliert und bedrückt. Die Englischlehrerin hat auch das Cybermobbing über die WhatsApp-Gruppe mitbekommen und rät Frau W., sich einmal mit dem Vertrauenslehrer Herrn P. auszutauschen, da dieser eine Fortbildung zu dem Thema besucht habe. Frau W. erkundigt sich noch, seit wann ihre Kolleginnen die geschilderten Auffälligkeiten beobachten, und wendet sich am Nachmittag in einem Telefonat an Herrn P. Dieser berichtet von der Fortbildung und mahnt in Sofias Fall dringenden Handlungsbedarf an, da es von großer Bedeutung sei, weitere Mobbingtaten zu verhindern und bisherige aufzuarbeiten (siehe hierzu Katzer, 2023). Frau W. und Herr P. beschließen, dies in Kooperation zu tun. Als erstes soll aber ein Gespräch mit Sofia stattfinden, das Frau W. allein führt.

Am nächsten Tag vereinbart Frau W. mit Sofia einen Gesprächstermin nach der letzten Unterrichtsstunde.

Erstgespräch mit der Schülerin

Frau W. bedankt sich zunächst bei Sofia für die Gesprächsbereitschaft und erklärt ihr, dass sie heute gern darüber reden möchte, wie es Sofia in letzter Zeit geht. Sie beginnt, ihre Beobachtungen der letzten Wochen zu beschreiben und betont dabei die aufgefallenen Veränderungen im Vergleich zu früher. Sie schildert ihre Sorge darüber, dass ihr Sofia sehr zurückgezogen vorkommt und häufig fehlt. Zudem erwähnt sie den Leistungsabfall, der ihr besonders aufgefallen sei, weil sie Sofia

5.5 Fall Sofia

eigentlich für eine gute Schülerin halte. Anschließend fragt sie nach Sofias Sichtweise. Diese senkt den Blick und antwortet nach einer Weile: »Ja, stimmt schon so.« Auf die Nachfrage, wie es Sofia zurzeit gehe, denkt Sofia erneut eine Weile nach und sagt dann: »Um ehrlich zu sein, nicht sehr gut.« Nun wendet sie den Blick ab, schaut nach unten und ist den Tränen nahe. Frau W. bedankt sich explizit für Sofias Offenheit und fragt dann: »Magst du mir ein wenig darüber erzählen?« Sofia zögert kurz, dann erzählt sie mit gesenktem Blick, dass seit einiger Zeit »irgendwie alles schwer« sei. Sie erzählt von der Trennung der Eltern und der ungewissen Zukunft. Schließlich kommt sie auf die schulische Situation zu sprechen: »Ach, und in der Schule ist sowieso alles... ach, ich weiß auch nicht; am liebsten wäre ich irgendwo auf einer einsamen Insel. Wobei ich manchmal das Gefühl habe, das bin ich schon. Denn die anderen... für die bin ich ja entweder gar nicht da oder nur zum Lachen.« Frau W. erzählt Sofia, dass sie von einer Gruppe Schülerinnen und Schüler gehört habe, die über WhatsApp unangebrachte Dinge geschrieben haben. Sofia nickt bestätigend und hält den Blick gesenkt. »Was weißt du darüber?« fragt Frau W. schließlich. Sofia sagt, sie habe von einer Mitschülerin erfahren, dass sich ein paar Jugendliche aus der Klasse, die eigentlich zum Planen einer Geburtstagsfeier eine WhatsApp-Gruppe gegründet haben, nun über den Messenger über Sofia lustig machen. Frau W. bemerkt, dass Sofia diese Situation sehr belastet und es ihr schwerfällt, darüber zu sprechen. Sie bedankt sich noch einmal bei Sofia und sagt, dass sie es wichtig findet, dass die Dinge, die dort passieren, angesprochen werden, damit sich etwas ändert. Sie fragt nach genaueren Kenntnissen der Tatbestände, und Sofia erzählt ihr, dass in der Gruppe neuerdings auch Fotomontagen gepostet werden, in denen ein Bild von Sofias Gesicht eingefügt wurde. Frau W. betont, dass dieses Verhalten der Mitschülerinnen und Mitschüler nicht hinzunehmen sei. Die Frage, ob Sofias Eltern davon wüssten, verneint Sofia. Als sie ergänzt: »Die bekommen ja eh nichts mit. Am besten wäre es sowieso, ich wäre nicht mehr da.«, ist Frau W. alarmiert, weil es das erste Mal ist, dass Sofia einen Gedanken äußert, der auf die Gefahr möglicher Suizidalität hindeuten könnte. »Wie meinst du das?«, fragt Frau W., um mehr darüber in Erfahrung zu bringen. Sofia wischt sich mit der Hand übers Gesicht und fragt: »Was wir hier besprechen, bleibt doch unter uns, oder?« Frau W. drückt ihre große Wertschätzung aus, so offen mit Sofia zu sprechen, erklärt ihr aber auch, dass sie sich an Sofias Eltern oder andere Personen wenden muss, wenn sie dies für notwendig erachtet. Sie schließt mit der Frage an: »Magst du mir trotzdem mehr darüber erzählen?« Sofia erzählt ihr schließlich, dass sie manchmal den Wunsch habe, »einfach nicht mehr da zu sein, sondern im Himmel oder so«. Sie habe manchmal das Gefühl, ihr Kopf würde explodieren und sie könne dieses Gefühl nicht mehr lange ertragen. Frau W. fragt daraufhin explizit nach, ob Sofia darüber nachgedacht habe, sich das Leben zu nehmen. Als Sofia nach einer Weile nickt, fragt Frau W. Sofia auch nach konkreten Vorstellungen über einen möglichen Zeitpunkt und nach eventuellen Vorbereitungen. Sofia zuckt erst mit den Achseln, dann schüttelt sie den Kopf. Auf Nachfrage sagt sie, dass bisher auch noch niemand von diesen Gedanken wisse. Frau W. wägt ab und kommt zu dem Schluss, dass dringender Handlungsbedarf besteht, zum jetzigen Zeitpunkt aber wohl nicht der Notdienst kontaktiert werden müsse. Sie äußert noch einmal ihr Verständnis und bedankt sich für Sofias Offenheit. Sie erklärt ihr, dass sie sie gern unterstützen möchte, und fragt sie, ob sie gemeinsam etwas tun wollen, damit es Sofia besser geht. Wieder nickt Sofia, woraufhin Frau W. zum weiteren Vorgehen übergeht: »Ich möchte gern mit deinen Eltern und der Schulleiterin sprechen und ihnen erzählen, was du mir heute gesagt hast. Das ist wichtig, damit wir dich unterstützen können.« Als Sofia fragt, was dann genau passieren würde, antwortet Frau W.: »Was dann als Nächstes passiert, weiß ich auch nicht ganz genau. Deshalb ist es auch so wichtig, dass ich ihnen davon erzähle, damit der beste Weg gefunden wird. Es gibt viele Schülerinnen und Schüler, die ähnliche Dinge erleben und auch solche Gedanken und Gefühle haben, und es gibt Fachleute, die sich mit solchen Dingen richtig gut auskennen und helfen können. Das werde ich auch deinen Eltern sagen und gemeinsam mit der Schulleitung werden wir uns darum kümmern, dass du mal mit so einer Expertin oder einem Experten sprechen kannst. Bist du damit einverstanden?« Sofia nickt. Abschließend weist Frau W. Sofia noch auf die Internetseite https://

5.5 Fall Sofia

www.beratungsstelle.neuhland.net hin, eine Anlaufstelle, an die sich Sofia selbst wenden kann, wenn sie Hilfe benötigt. Auch die App KrisenKompass kann Frau W. ihr empfehlen. Zudem versichert Frau W. Sofia, dass sie sich jederzeit an sie wenden kann.

Nach dem Gespräch notiert Frau W. die wesentlichen Inhalte und spricht direkt mit der Schulleitung das weitere Vorgehen ab. Es wird vereinbart, dass

- Frau W. Sofias Eltern über das stattgefundene Gespräch informiert und zu einem Beratungsgespräch einlädt, um die Abklärung der Suizidalität sowie professioneller Unterstützung zu initiieren;
- die Schulleitung sich an den schulpsychologischen Dienst wendet, um sicherzugehen, dass in der Schule richtig mit der Problematik umgegangen wird sowie um Maßnahmen zum Cybermobbing einzuleiten.

Tab. 15: Pädagogische Dokumentation: Sofia

Anlass	Starker Leistungsabfall und Interessenverlust in den letzten Monaten Wirkt oft niedergeschlagen Ist sozial isoliert Wird von Mitschülerinnen und Mitschülern über WhatsApp-Gruppe gemobbt
Informationen zur schulischen Entwicklung	Besucht die 7. Klasse Häufige Fehlzeiten, v. a. in Mathe Früher eher durchschnittliche Leistungen; aktuell starker Leistungsabfall
Familiärer Hintergrund	Eine jüngere Schwester Eltern beide berufstätig
Aktuelle Lebenssituation	Eltern leben in Trennung Unklare familiäre Zukunft
Belastungsfaktoren (schulisch/außerschulisch)	Schulisch: Cybermobbing sorgt für Verzweiflung Außerschulisch: Trennung der Eltern stellt eine große Belastung dar

5 Fallbeispiele

Tab. 15: Pädagogische Dokumentation: Sofia – Fortsetzung

Ressourcen (schulisch/außerschulisch)	Aktuell nicht bekannt
Hinweise auf Suizidalität	Äußert Wunsch, »nicht mehr da sein zu wollen« Gefühl, »der Kopf würde explodieren«, könne nicht mehr ausgehalten werden Äußert auf Nachfrage, darüber nachgedacht zu haben, sich das Leben zu nehmen
Auffälligkeiten im Verhalten	Rückzugsverhalten (Fehlzeiten, keine Teilnahme am Unterricht) Sozial stark isoliert
Auffälligkeiten im Denken	Suizidale Gedanken (!)
Auffälligkeiten im emotionalen Erleben	Niedergeschlagenheit Verzweiflung

Tab. 16: Pädagogische Ziele und Initiativen: Sofia

Pädagogisches ZIEL 1: Professionelle Unterstützung aufgrund von Suizidalität	**Pädagogische Initiative ZIEL 1: WER macht WANN, WAS?** • So schnell wie möglich: Gespräch mit Sofias Eltern (Frau W.), um fachliche Abklärung sicherzustellen • So schnell wie möglich: Kontakt schulpsychologischer Dienst (Schulleitung)
Pädagogisches ZIEL 2: Cybermobbing stoppen	**Pädagogische Initiative ZIEL 2: WER macht WANN, WAS?** • Aufgrund der vorrangigen Suizidalität soll Vorgehen gegen Cybermobbing mit professioneller Fachkraft abgestimmt werden • Längerfristige Kampagne zum Thema Cybermobbing an der Schule (Herr P.)

5.5.5 Umsetzung der pädagogischen Initiativen

Erstgespräch Eltern

In einem Telefonat am selben Abend berichtet Frau W. Sofias Mutter, dass sie sich heute mit Sofia unterhalten habe, da sie und ihre Kolleginnen sich aufgrund der in den letzten Wochen gemachten Beobachtungen Sorgen um Sofia machten. Sie bittet die Eltern, zeitnah zu einem Gespräch zu kommen. Da sich Sofias Mutter daraufhin zunächst zurückhaltend zeigt und angibt, sehr viel zu tun zu haben, entschließt sich Frau W. dazu, anstelle eines persönlichen Gesprächs Frau W. am Telefon über alle wichtigen Details in Kenntnis zu setzen. Als sie Sofias Mutter anschließend nach ihrer Einschätzung der Situation fragt, wirkt diese überrascht. Zwar habe sie durchaus wahrgenommen, dass Sofia in letzter Zeit selten fröhlich sei; es sei aber nie vorgekommen, dass sie vom Wunsch zu sterben oder ähnlichem erzählt habe. Sie äußert zudem, dass sie sich nicht vorstellen könne, dass Sofia das ernst meine. Frau W. betont daraufhin, dass die von Sofia geäußerten Gedanken eine große Belastung zum Ausdruck bringen und ernst genommen werden sollten. Sie informiert Sofias Mutter darüber, dass eine fachärztliche Abklärung durch eine niedergelassene Kinder- und Jugendpsychiaterin oder einen -psychiater bzw. -psychologin oder -psychologen unbedingt erforderlich sei. Sie übermittelt Sofias Mutter eine entsprechende Anlaufstelle in der Umgebung, die sie zuvor herausgesucht hat, und bittet sie, möglichst zeitnah einen Termin mit Sofia zu vereinbaren. Sie bittet zudem um eine Schweigepflichtentbindung, damit die Schule entsprechend informiert werden könne. Sofias Mutter zeigt sich zwar noch immer überrascht von der Brisanz, willigt aber ein und signalisiert die Bereitschaft mitzuwirken. Auf ihre Frage, was sie denn jetzt zu Sofia sagen solle, erklärt ihr Frau W., dass Sofia über das Telefonat bereits in Kenntnis gesetzt wurde und dass es gut wäre, offen zu sein, wenn sich Sofia an sie wendet. Sie thematisiert abschließend auch die Trennung der Eltern und empfiehlt nachdrücklich auch diesbezüglich eine professionelle Unterstützung.

Schließlich bedankt sich Frau W. und bittet um Rückmeldung, sobald eine fachärztliche Abklärung terminiert ist.

Kontaktaufnahme mit dem schulpsychologischen Dienst

Die Schulleiterin nimmt am Folgetag Kontakt mit dem schulpsychologischen Dienst auf. Ziele sind zum einen die Sicherstellung, dass seitens der Schule hinsichtlich der Suizidalität angemessen gehandelt wird, und zum anderen die Unterstützung bei der Aufarbeitung der Cybermobbing-Problematik. Insbesondere die Abwägung von Frau W., ob direkt der Notdienst kontaktiert werden müsse, stellte eine Herausforderung dar. Die Schulpsychologin bestätigt das schulische Handeln: Die Entscheidung sei an dieser Stelle richtig gewesen; sie ermutigt die Schulleitung aber auch, bei Unsicherheiten direkt den Notdienst zu rufen und das Risiko eines Fehlalarms in Kauf zu nehmen. Sie betont zudem, dass nun sichergestellt werden müsse, dass die fachärztliche Abklärung bei Sofia auch tatsächlich erfolgt. Bezüglich der Cybermobbing-Aufarbeitung wird ein persönliches Gespräch vereinbart, an dem neben der Schulleitung und der Schulpsychologin auch Frau W. und Herr P. teilnehmen.

Ausblick: Abklärung Suizidalität und psychotherapeutische Unterstützung

Frau W. hält den Kontakt zu Sofias Mutter und erkundigt sich drei Tage später nach dem aktuellen Stand: Sofias Mutter hat einen Termin in der örtlichen Kinder- und Jugendpsychiatrie bekommen, aber versäumt, Frau W. darüber zu informieren. Nach dem Termin und der erfolgten Schweigepflichtentbindung wird die Schulleitung darüber in Kenntnis gesetzt, dass nach der fachärztlichen Einschätzung keine akute Suizidgefahr bestehe, sich diese aber aufgrund der hohen Belastung von Sofia entwickeln könne. Es werde daher dringend zu einer begleitenden Unterstützung in Form einer Psychotherapie geraten, worüber die Eltern bereits informiert seien. Diese wenden sich an die von der Kinder- und Jugendpsychiatrie empfohlene kinder-

und jugendpsychotherapeutische Praxis, und so kann wenige Wochen später die therapeutische Unterstützung von Sofia beginnen.

Ausblick: Initiierung von Maßnahmen gegen Cybermobbing

Im Rahmen der Psychotherapie wird das Cybermobbing individuell mit Sofia aufgearbeitet. Hierbei steht vor allem im Vordergrund, Sofia zu stärken und ihr Handlungsstrategien zu vermitteln, um mit den Geschehnissen umzugehen. Von sehr großer Bedeutung ist es allerdings auch, mit den Mobbingtäterinnen und -tätern zu arbeiten. In Kooperation mit der Schulpsychologin werden entsprechende schulische Initiativen ergriffen. Dafür wurden Schweigepflichtentbindungen eingeholt, damit ein engmaschiger Austausch zwischen der Schulpsychologin, der Kinder- und Jugendpsychotherapeutin sowie der Schule erfolgen kann. So sollen beispielsweise mit Hilfe der sogenannten Farsta-Methode die Aufarbeitung der Geschehnisse erfolgen sowie weitere Taten verhindert werden (vgl. Schubarth, 2010). Auch eine gesamtschulische Maßnahme soll in Zusammenarbeit dem Vertrauenslehrer Herrn P. umgesetzt werden.[1]

5.5.6 Evaluation

Die fortwährende Evaluation der therapeutischen Unterstützung erfolgt im Rahmen der Psychotherapie. Regelmäßig finden Round-Table-Gespräche statt, bei denen sich die Kinder- und Jugendpsychotherapeutin, die Schulpsychologin, Frau W. und die Schulleitung austauschen, damit der Prozess in der Schule wirksam begleitet wird.

---

1 Weitere Ausführungen zum Umgang mit Cybermobbing sollen aufgrund der Komplexität und Vielfältigkeit nicht Gegenstand des vorliegenden Bandes sein. Praxisnahe Informationen zum Umgang mit Cybermobbing in der Schule finden sich in Katzer (2023). Auch auf dem Internetportal der EU-Initiative klicksafe (www.klicksafe.de) finden sich Materialien zum Umgang mit Cybermobbing in der pädagogischen Praxis sowie Tipps für Jugendliche.

5 Fallbeispiele

In diesem Rahmen werden auch die Maßnahmen zur Verhinderung von Cybermobbing evaluiert. Um die Wirksamkeit aus Elternperspektive zu überprüfen, werden regelmäßig Gespräche mit Sofias Eltern geführt.

6 Abschließende Betrachtung

In der Kooperation verschiedener Berufsgruppen in unterschiedlichen schulischen Positionen konnte Kindern und Jugendlichen pädagogische Angebote gemacht werden mit dem Ziel der Unterstützung bei Hinweisen auf eine depressive Entwicklung. Die umgesetzten Schritte z. b. während eines persönlichen Kontakts, bei Elterngesprächen und in der Gestaltung von schulischen und außerschulischen Situationen sollten die individuelle Lebenssituation erleichtern und Entwicklungsimpulse geben. Begleitet wurden die unterschiedlichen pädagogischen Initiativen durch evaluative Fragen, um zu verstehen, ob es sich um eine realisierbare Initiative handelt und ob sich insgesamt eine positive Veränderung abzeichnet.

Zentrales Element der dargestellten Fallbeispiele waren die schulinterne Kommunikation und Kooperation im Kollegium sowie die Kooperation zwischen Familie und Schule. Bei mangelnden zeitlichen Ressourcen, fehlendem Wissen oder geringer Bereitschaft zur Zusammenarbeit sind die Möglichkeiten pädagogischen Handelns sehr begrenzt. Schülerinnen und Schülern pädagogische Unterstützung anzubieten setzt voraus, dass beispielsweise Klassenlehrkräften zeitliche Ressourcen zur Verhaltensbeobachtung, zur Dokumentation, zur Planung und Durchführung von Beratungs- und Elterngesprächen und Koordination einer pädagogischen Initiative zugestanden werden. Gleichzeitig erfordert die Entwicklung pädagogischer Kompetenzen im Umgang mit psychischen Belastungen und einer depressiven Entwicklung die Möglichkeit zur Qualifikation von Lehrkräften. Wissen und Handlungskompetenzen für involvierte Lehrkräfte sind essentiell wichtig zur Stärkung der mentalen Gesundheit im Schulumfeld und daher ein wesentlicher Bestandteil gelingender schulischer Inklusion.

Anhang

Pädagogische Dokumentation

Anlass		
Informationen zur schulischen Entwicklung		
Familiärer Hintergrund		
Aktuelle Lebenssituation		
Belastungsfaktoren (schulisch/außerschulisch)		
Ressourcen (schulisch/außerschulisch)		
Hinweise auf Suizidalität		
Auffälligkeiten im Verhalten		
Auffälligkeiten im Denken		
Auffälligkeiten im emotionalen Erleben		
Pädagogisches ZIEL 1:	Pädagogische Initiative ZIEL 1: WER macht WANN, WAS?	Ergebnisdarstellung ZIEL 1:

Anhang

Elterninformation: Depressive Entwicklung

Welche Symptome können auftreten?

Eine depressive Entwicklung bei Schülerinnen und Schülern kann sich sehr unterschiedlich zeigen: Im Denken, Fühlen, Handeln und in körperlichen Symptomen. Die Kernsymptome einer behandlungsbedürftigen Depression liegen in anhaltender, ausgeprägter Niedergeschlagenheit, bei Kindern und Jugendlichen auch in erhöhter Reizbarkeit, im Verlust an Freude und Interesse sowie einem verminderten Antrieb.

Wie entstehen Depressionen?

Jede bzw. jeder 10. Jugendliche hat bis zum 18. Lebensjahr mindestens eine depressive Episode erlebt. In der Entstehung einer Depression können unterschiedliche Faktoren eine Rolle spielen: Das Alter, das Geschlecht (junge Frauen sind häufiger betroffen), eine besondere Stressempfindlichkeit, familiär bedingte genetische Faktoren, negatives Denken oder belastende Ereignisse und Stress in Familie, Schule und Freundeskreis.

Was kann helfen?

Verschiedene Schutzfaktoren tragen zur Stabilisierung und Abmilderung negativer Effekte bei. Eine positive Lebenseinstellung, die Suche nach Lösungen im Alltag, anstatt sich mit Problemen zu beschäftigen, zu erkennen, was man selbst ändern kann, Strategien zum Umgang mit Stress und ein positives Schul-, Klassen- und Familienklima. Schülerinnen und Schüler können in verlässlichen sozialen Beziehungen in ihrer Familie, mit Gleichaltrigen und Lehrkräften gestärkt werden. In der Familie wirkt eine Unterstützung positiven Denkens als Schutzfaktor. Wesentlich ist es, dass keine Schuldzuweisungen erfolgen, unverhältnismäßigen Leistungsdruck zu reduzieren, emotional ansprechbar zu sein und gemeinsam positive Zeit zu verbringen. Sinnvoll können auch eine ärztliche und psychotherapeutische Abklärung und Unterstützung sein.

Ansprechpersonen und Ressourcen

Wenn Sie bereits Kontakt zu einer schulischen Ansprechperson haben, so sollten Sie eine gemeinsame Entscheidung treffen, ob eine ärztliche und psychotherapeutische Abklärung erforderlich ist. Gemeinsam können aber bereits Schritte zur Unterstützung Ihrer Tochter oder Ihres Sohnes in der Schule und in der Familie vereinbart werden.
www.deutsche-depressionshilfe.de
www.elternratgeber-psychotherapie.de

Elterninformation: Depressive Entwicklung (leichte Sprache)

Was ist eine depressive Entwicklung?

Eine depressive Entwicklung bei jungen Menschen kann unterschiedlich sein. Manche können nicht mehr richtig denken, fühlen sich sehr traurig oder wollen alleine sein. Manche sind müde, streiten sich oft oder haben andere Probleme. Wenn man oft traurig ist, sich nicht mehr freuen kann und keine Lust mehr hat, etwas zu tun, sollte man zum Arzt gehen.

Wo liegen die Ursachen?

Einige junge Menschen sind manchmal depressiv (etwa 10%), besonders während der Pubertät (bevor sie erwachsen werden). Junge Frauen sind häufiger betroffen als junge Männer. Oft ist Stress der Grund dafür, manchmal auch schlechte Dinge, die in der Familie, in der Schule und im Freundeskreis passieren. Manchmal sind auch mehrere Menschen in einer Familie depressiv. Wenn Menschen immer wieder schlecht denken (zum Beispiel: *Alles ist schlecht* oder *Ich bin dumm*) kann es zu einer depressiven Entwicklung kommen.

Was kann helfen?

Eltern können etwas tun, damit es ihrem Kind wieder besser geht. Zum Beispiel die schönen Dinge im Leben zu sehen, statt nur die Probleme. Es ist auch gut, jungen Menschen dabei zu helfen, selbstständig zu werden. Auch eine Unterstützung bei Stress kann helfen. Eine gute Stimmung in der Familie, Schule und im Freundeskreis hilft auch.

Niemand hat Schuld an einer depressiven Entwicklung. Vorwürfe sind also sinnlos, Druck auch. Für junge Menschen ist es wichtig, dass die Familie freundlich ist und gemeinsam schöne Dinge macht. Menschen, auf die man sich verlassen kann, sind jetzt besonders wichtig.

Gehen Sie mit Ihrer Tochter oder Ihrem Sohn zu einem Arzt, auch dort bekommt man Hilfe.

Wer kann helfen?

Wenn Sie bereits Kontakt zu einer Person in der Schule haben, entscheiden Sie gemeinsam, wie es weitergehen kann. Besprechen Sie auch Dinge, die Sie sofort tun können, um Ihre Tochter oder Ihren Sohn in der Schule und in der Familie zu unterstützen.

Weitere Informationen finden Sie hier:
www.deutsche-depressionshilfe.de
www.elternratgeber-psychotherapie.de

Information für Jugendliche: Wenn es mir nicht gut geht!

Worum geht es?

Sehr viele Schülerinnen und Schüler erleben Zeiten, in denen es ihnen schlecht geht. Manche haben Probleme in der Schule, fühlen sich sehr traurig oder wollen ständig alleine sein. Andere sind müde, verlieren die Freude an den meisten Dingen, finden alles sinnlos oder streiten sich oft. Einigen geht es so schlecht, dass sie nicht mehr leben wollen. Es kann dann sein, dass die Person eine Depression hat.

Wo liegen die Ursachen?

Oft gehen einer Depression große Belastungen voraus. Zum Beispiel sind schlechte Dinge in der Familie, in der Schule und im Freundeskreis passiert. Manchen Menschen fällt es besonders schwer, eine solche Belastung zu bewältigen, oft sind auch mehrere Menschen in einer Familie depressiv. Junge Frauen sind häufiger betroffen als junge Männer. Eine weitere Ursache kann darin bestehen, dass ein Mensch sich angewöhnt hat, sehr negativ zu denken (zum Beispiel: *Alles ist schlecht*, *Ich bin dumm* oder *Keiner mag mich*).

Was kann helfen?

Wenn es gelingt, diese sehr negativen Gedanken aufmerksam im Alltag zu prüfen und zu verändern, ist dies hilfreich. Es gibt wirksame Möglichkeiten zu lernen, sich selbst gegenüber freundlicher zu sein und sich zu trösten und zu unterstützen, wenn es einem schlecht geht. Helfen kann auch, wenn man gezielt aktiver im Alltag ist. Es ist zudem wichtig, Hilfe anzunehmen, wenn sie angeboten wird und sich selbst keinen Druck zu machen. Wenn man immer wieder sehr traurig ist, auf nichts mehr Lust hat, sich zurückzieht und nichts mehr unternimmt, hilft eine Psychotherapie sehr gut!

Wer kann mir helfen?

Es ist gut, dass du mit deiner Lehrkraft in Kontakt bist. Du kannst dort Dinge besprechen, die dir sofort helfen. Falls du noch mit jemand anderem sprechen möchtest, vereinbare einen Termin mit der bzw. dem Schulsozialarbeiter oder -arbeiterin oder dem Schulpsychologen bzw. -psychologin. Du solltest Hilfe annehmen und mit den Vertrauenspersonen in der Schule und deiner Familie darüber sprechen.

Hier kannst du dich über Depressionen informieren:
www.deutsche-depressionshilfe.de
www.fideo.de
www.ich-bin-alles.de

Wenn du anonym telefonieren oder mit einer erfahrenen Person über deine Sorgen sprechen möchtest, dann kannst du kostenlos 116111 anrufen.

Anhang

Information für das Kollegium: Depressive Entwicklung

Welche Symptome können auftreten?

Eine depressive Entwicklung bei Schülerinnen und Schülern kann sich sehr unterschiedlich zeigen: Im Denken, Fühlen, Handeln und in körperlichen Symptomen. Die Kernsymptome einer behandlungsbedürftigen Depression liegen in anhaltender, ausgeprägter Niedergeschlagenheit, bei Kindern und Jugendlichen auch in erhöhter Reizbarkeit, im Verlust an Freude und Interesse sowie einem verminderten Antrieb. In der Schule können Leistungs- und Motivationsabnahmen, sozialer Rückzug und vermehrte Abwesenheiten Anzeichen sein.

Wie entstehen Depressionen?

Jede bzw. jede 10. Jugendliche hat bis zum 18. Lebensjahr mindestens eine depressive Episode erlebt. In der Entstehung einer Depression können unterschiedliche Faktoren dazu beitragen: In der Schule sind dies z. B. Mobbing, Leistungsdruck und Überforderung. Zur Entstehung können zudem das Alter, das Geschlecht (junge Frauen sind häufiger betroffen), eine besondere Stressempfindlichkeit, familiäre Vorbelastung, negatives Denken oder belastende Ereignisse und Stress in Familie, Schule und Freundeskreis dazu beitragen.

Was kann in der Schule helfen?

Verschiedene Schutzfaktoren tragen zur Stabilisierung und Abmilderung negativer Effekte bei. In der Schule kann ein positives Schul- und Klassenklima (z. B. durch Schaffung von Mitsprachemöglichkeiten und der Enttabuisierung von Krisen) hilfreich sein. Auch verlässliche, positive Beziehungen zwischen Schülerinnen und Schülern und Lehrkräften mit der Möglichkeit Gespräche anzubieten und Hilfe aufzuzeigen sind günstig. Schulisch ist es zudem wesentlich, dass unverhältnismäßiger Leistungsdruck reduziert und konstruktives

Feedback mit einem Fokus auf die Anstrengung gegeben wird. Bei depressiven Schülerinnen und Schülern kann zudem die Möglichkeit eines Nachteilsausgleiches in Betracht gezogen werden.

Ansprechpersonen und Ressourcen

Bemerken Sie Hinweise auf eine depressive Entwicklung bei einem Schüler oder einer Schülerin, sprechen Sie dies (bei den Betroffenen, im Kollegium, bei den Erziehungsberechtigten) an und vernetzen Sie sich! In der Schule können Sie den Schulpsychologischen Dienst oder die Schulsozialarbeit hinzuziehen.

Weitere Informationen zum Themenfeld Depression finden Sie hier:
www.deutsche-depressionshilfe.de
www.ifightdepression.com
www.schule.ich-bin-alles.de

Literatur

Ahl, K. (2023). *Elterngespräche konstruktiv führen: Systemisches Handwerkszeug* (2., erweiterte Auflage). Vandenhoeck & Ruprecht.
American Psychological Association (APA). (2015). *Diagnostisches und Statistisches Manual Psychischer Störungen DSM-5®* (2. korrigierte Auflage). Hogrefe.
Beck, A. T. (1979). *Cognitive Therapy and the Emotional Disorders.* Penguin Publishing Group.
Becker, M. & Correll, C. U. (2020). Suicidality in Childhood and Adolescence. *Deutsches Arzteblatt international, 117*(15), 261–267. https://doi.org/10.3238/arztebl.2020.0261
Bensel, J. & Haug-Schnabel, G. (2016). *Einschätzskala zur Kindeswohlgefährdung für Kinder im Schulalter (KIWO-Skala Schulkind).* https://www.kvjs.de/fileadmin/dateien/jugend/Fruehe_Hilfen/KiWo_skala/Bensel__Haug-Schnabel_Flehingen_2016_-_KiWo-Skala_Schulkind__Verschickversion_.pdf
Bluth, K., Roberson, P. N. E., Gaylord, S. A., Faurot, K. R., Grewen, K. M., Arzon, S. & Girdler, S. S. (2016). Does Self-compassion Protect Adolescents from Stress? *Journal of child and family studies, 25*(4), 1098–1109. https://doi.org/10.1007/s10826-015-0307-3
Bradby, H., Varyani, M., Oglethorpe, R., Raine, W., White, I. & Helen, M. (2007). British Asian families and the use of child and adolescent mental health services: a qualitative study of a hard to reach group. *Social science & medicine (1982), 65*(12), 2413–2424. https://doi.org/10.1016/j.socscimed.2007.07.025
Breines, J. G. & Chen, S. (2012). Self-compassion increases self-improvement motivation. *Personality & social psychology bulletin, 38*(9), 1133–1143. https://doi.org/10.1177/0146167212445599
Brière, F. N., Rohde, P., Seeley, J. R., Klein, D. & Lewinsohn, P. M. (2014). Comorbidity between major depression and alcohol use disorder from adolescence to adulthood. *Comprehensive Psychiatry, 55*(3), 526–533. https://doi.org/10.1016/j.comppsych.2013.10.007
Bründel, H. (2015). *Notfall Schülersuizid: Risikofaktoren – Prävention – Intervention* (1. Aufl.). *Brennpunkt Schule.* Kohlhammer.
Carballo, J. J., Llorente, C., Kehrmann, L., Flamarique, I., Zuddas, A., Purper-Ouakil, D., Hoekstra, P. J., Coghill, D., Schulze, U. M. E., Dittmann, R. W., Buitelaar, J. K., Castro-Fornieles, J., Lievesley, K., Santosh, P. & Arango, C. (2020). Psychosocial risk factors for suicidality in children and adolescents. *European*

Child & Adolescent Psychiatry, 29(6), 759–776. https://doi.org/10.1007/s00787-018-01270-9

Casale, G., Huber, C., Hennemann, T. & Grosche, M. (2019). *Direkte Verhaltensbeurteilung in der Schule: Eine Einführung für die Praxis.* Ernst Reinhardt Verlag.

Castello, A. & Brodersen, G. (2021). *Unterricht und Förderung bei Depressionen: Psychologisches Wissen für Lehrkräfte* (1. Auflage). Hogrefe.

Cavanagh, J. T. O., Carson, A. J., Sharpe, M. & Lawrie, S. M. (2003). Psychological autopsy studies of suicide: a systematic review. *Psychological Medicine, 33*(3), 395–405. https://doi.org/10.1017/S0033291702006943

Chehil, S. & Kutcher, S. P. (2013). *Das Suizidrisiko: Abschätzung der Suizidgefahr und Umgang mit Suizidalität* (C. Goddemeier, Übers.) (1. Auflage). Programmbereich Psychiatrie. Verlag Hans Huber.

Clayborne, Z. M., Varin, M. & Colman, I. (2019). Systematic Review and Meta-Analysis: Adolescent Depression and Long-Term Psychosocial Outcomes. *Journal of the American Academy of Child and Adolescent Psychiatry, 58*(1), 72–79. https://doi.org/10.1016/j.jaac.2018.07.896

Daly, M. (2022). Prevalence of Depression Among Adolescents in the U.S. From 2009 to 2019: Analysis of Trends by Sex, Race/Ethnicity, and Income. *Journal of Adolescent Health, 70*(3), 496–499. https://doi.org/10.1016/j.jadohealth.2021.08.026

Dundas, I., Binder, P.-E., Hansen, T. G. B. & Stige, S. H. (2017). Does a short self-compassion intervention for students increase healthy self-regulation? A randomized control trial. *Scandinavian journal of psychology, 58*(5), 443–450. https://doi.org/10.1111/sjop.12385

Early, T. J., Gregoire, T. K. & McDonald, T. P. (2002). Child Functioning and Caregiver Well-being in Families of Children with Emotional Disorders. *Journal of Family Issues, 23*(3), 374–391. https://doi.org/10.1177/0192513X02023003003

Flückiger, C. & Beesdo-Baum, K. (2020). Ressourcenaktivierung. In J. Hoyer & S. Knappe (Hrsg.), *Lehrbuch. Klinische Psychologie & Psychotherapie* (3., vollständig überarbeitete und erweiterte Auflage, S. 575–588). Springer.

Försterling, F. & Binser, M. J. (2002). Depression, School Performance, and the Veridicality of Perceived Grades and Causal Attributions. *Personality and Social Psychology Bulletin, 28*(10), 1441–1449. https://doi.org/10.1177/014616702236875

Gesellschaft für Evaluation e. V. (2018). *Standards für Evaluation.* DeGEval.

Goodman, S. H., Rouse, M. H., Connell, A. M., Broth, M. R., Hall, C. M. & Heyward, D. (2011). Maternal depression and child psychopathology: a meta-analytic review. *Clinical child and family psychology review, 14*(1), 1–27. https://doi.org/10.1007/s10567-010-0080-1

Greve, W. & Wentura, D. (1997). *Wissenschaftliche Beobachtung: Eine Einführung* (2. Auflage). Beltz.

Groen, G. & Petermann, F. (2011). *Wie wird mein Kind wieder glücklich? Praktische Hilfe gegen Depressionen* (1. Aufl.). *Psychologie Sachbuch.* Huber.

Groen, G. & Petermann, F. (2013). Depressive Störungen. In F. Petermann (Hrsg.), *Lehrbuch. Lehrbuch der klinischen Kinderpsychologie* (7., überarbeitete und erweiterte Auflage, S. 439–458). Hogrefe.

Gulliver, A., Griffiths, K. M. & Christensen, H. (2010). Perceived barriers and facilitators to mental health help-seeking in young people: a systematic review. *BMC psychiatry, 10,* 113. https://doi.org/10.1186/1471-244X-10-113

Hattie, J. (2012). *Visible learning for teachers: Maximizing impact on learning.* Routledge Taylor & Francis Group.

Hautzinger, M. (2023). *Akute Depression* (2., überarbeitete Auflage). *Fortschritte der Psychotherapie: Band 40.* Hogrefe. https://doi.org/10.1026/03167-000

Hautzinger, M. & Pössel, P. (2017). *Kognitive Interventionen* (1. Auflage). *Standards der Psychotherapie: Band 1.* Hogrefe.

Hennig, C. & Ehinger, W. (2016). *Das Elterngespräch in der Schule: Von der Konfrontation zur Kooperation* (8. Aufl.). Auer.

Hirsch-Herzogenrath, S. & Schleider, K. (2014). Schulische Reintegration psychisch kranker Kinder und Jugendlicher – ausgewählte empirische Befunde. In E. Flitner (Hrsg.), *Chronisch kranke Kinder in der Schule* (S. 177–188). Kohlhammer.

Hoyer, J. & Teismann, T. (2020). Verhaltensaktivierung. In J. Hoyer & S. Knappe (Hrsg.), *Lehrbuch. Klinische Psychologie & Psychotherapie* (3., vollständig überarbeitete und erweiterte Auflage, S. 575–588). Springer.

Ingenkamp, K. & Lissmann, U. (2008). *Lehrbuch der pädagogischen Diagnostik* (6. Auflage). *Beltz Pädagogik.* Beltz Verlag.

Johnson, D., Dupuis, G., Piche, J., Clayborne, Z. & Colman, I. (2018). Adult mental health outcomes of adolescent depression: A systematic review. *Depression and Anxiety, 35*(8), 700–716. https://doi.org/10.1002/da.22777

Katzer, C. (2023). *Cybermobbing: Digitale Gewalt pädagogisch überwinden* (1. Auflage). *Fallbuch Pädagogik.* Verlag W. Kohlhammer.

Kimmig, A. (2014). Was hilft chronisch kranken Kindern in den allgemeinen Schulen? In E. Flitner (Hrsg.), *Chronisch kranke Kinder in der Schule* (S. 191–195). Kohlhammer.

Klasen, F., Meyrose, A.-K., Otto, C., Reiss, F. & Ravens-Sieberer, U [U.] (2017). Psychische Auffälligkeiten von Kindern und Jugendlichen in Deutschland. *Monatsschrift Kinderheilkunde, 165*(5), 402–407. https://doi.org/10.1007/s00112-017-0270-8

KMK. (2011). *Inklusive Bildung von Kindern und Jugendlichen mit Behinderungen in Schulen.* https://www.kmk.org/fileadmin/veroeffentlichungen_beschluesse/2011/2011_10_20-Inklusive-Bildung.pdf

Lewinsohn, P. M. (1974). A behavioral approach to depression. In R. J. Friedman (Hrsg.), *The series in clinical psychology. The psychology of depression: Contemporary theory and research* (S. 157–185). Winston.

Lüftenegger, M., Schober, B. & Spiel, C. (2019). Evaluation und Qualitätssicherung. In D. Urhahne, M. Dresel & F. Fischer (Hrsg.), Lehrbuch. Psychologie für den Lehrberuf (S. 517–532). Springer. https://doi.org/10.1007/978-3-662-55754-9_26

Martell, C. R. (2010). *Behavioral activation for depression: A clinician's guide.* Guilford Press.

Martin, F. & Oliver, T. (2019). Behavioral activation for children and adolescents: a systematic review of progress and promise. *European Child & Adolescent Psychiatry, 28*(4), 427–441. https://doi.org/10.1007/s00787-018-1126-z

Mehler-Wex, C. & Kölch, M. (2008). Depression in children and adolescents. *Deutsches Arzteblatt international, 105*(9), 149–155. https://doi.org/10.3238/arztebl.2008.0149

Mo, P. K. H., Ko, T. T. & Xin, M. Q. (2018). School-based gatekeeper training programmes in enhancing gatekeepers' cognitions and behaviours for adolescent suicide prevention: a systematic review. *Child and Adolescent Psychiatry and Mental Health, 12*(1), 29. https://doi.org/10.1186/s13034-018-0233-4

Mudra, S. & Schulte-Markwort, M. (2020). Depressive Erkrankungen im Kindes- und Jugendalter. *PSYCH up2date, 14*(02), 131–145. https://doi.org/10.1055/a-0888-7850

Müller, G. & Preuß, U. (2017). *Handlungsleitfaden: Umgang mit suizidalen Krisen und Suizidprävention an Bielefelder Schulen.* https://inklusion-schule-bielefeld.de/userfiles/Unterstuetzungsangebote/Suizidpraevention0917.pdf

Muris, P., Meesters, C., Pierik, A. & Kock, B. de (2016). Good for the Self: Self-Compassion and Other Self-Related Constructs in Relation to Symptoms of Anxiety and Depression in Non-clinical Youths. *Journal of child and family studies, 25,* 607–617. https://doi.org/10.1007/s10826-015-0235-2

Neff, K. & Germer, C. K. (2020). *Selbstmitgefühl - das Übungsbuch: Ein bewährter Weg zu Selbstakzeptanz, innerer Stärke und Freundschaft mit sich selbst* (N. Helm & A. Zupke, Übers.) (2. Auflage, deutsche Erstausgabe). Arbor Verlag.

Neff, K. D. (2009). The Role of Self-Compassion in Development: A Healthier Way to Relate to Oneself. *Human development, 52*(4), 211–214. https://doi.org/10.1159/000215071

Neff, K. D., Kirkpatrick, K. L. & Rude, S. S. (2007). Self-compassion and adaptive psychological functioning. *Journal of Research in Personality, 41*(1), 139–154. https://doi.org/10.1016/j.jrp.2006.03.004

Petersen, H., Fischer, E., Storjohann, R., Täubrich, F., Krone-Tegge, A., Hartwig, G., Wendelborn, D., Jung, M., Timm, B., Piper-McKenna, C., Gick, K. & Skou, K. (2018). *Handreichung zum Nachteilsausgleich im Kreis schleswig-Flensburg für Schülerinnen und Schüler mit psychiatrischen Diagnosen/Störungen nach der ICD-10.* https://www.schule-hesterberg.de/.cm4all/uproc.php/0/Dokumente/nachteilsausgleich.pdf?_=16e8f732b80&cdp=a

Pössel, P. & Hautzinger, M. (2022). *Trainingsprogramm zur Prävention von Depressionen bei Jugendlichen: LARS & LISA: Lust an realistischer Sicht und Leichtigkeit im sozialen Alltag* (2., überarbeitete Auflage). Therapeutische Praxis. Hogrefe. https://doi.org/10.1026/02963-000

Reiß, F., Napp, A.-K., Erhart, M., Devine, J., Dadaczynski, K., Kaman, A. & Ravens-Sieberer, U. (2023). Perspektive Prävention: Psychische Gesundheit von Schülerinnen und Schülern in Deutschland. *Bundesgesundheitsblatt, Gesundheitsforschung, Gesundheitsschutz, 66*(4), 391–401. https://doi.org/10.1007/s00103-023-03674-8

Richards, D. A., Rhodes, S., Ekers, D., McMillan, D., Taylor, R. S., Byford, S., Barrett, B., Finning, K., Ganguli, P., Warren, F., Farrand, P., Gilbody, S., Kuyken, W., O'Mahen, H., Watkins, E., Wright, K., Reed, N., Fletcher, E., Hollon, S. D., . . . Woodhouse, R. (2017). Cost and Outcome of BehaviouRal Activation (COBRA): a randomised controlled trial of behavioural activation versus cognitive-behavioural therapy for depression. *Health technology assessment (Winchester, England), 21*(46), 1–366. https://doi.org/10.3310/hta21460

Schubarth, W. (2020). *Gewalt und Mobbing an Schulen: Möglichkeiten der Prävention und Intervention* (4. Auflage). Verlag W. Kohlhammer.

Shorey, S., Ng, E. D. & Wong, C. H. J. (2022). Global prevalence of depression and elevated depressive symptoms among adolescents: A systematic review and meta-analysis. *The British journal of clinical psychology, 61*(2), 287–305. https://doi.org/10.1111/bjc.12333

Stapley, E., Midgley, N. & Target, M. (2016). The Experience of Being the Parent of an Adolescent with a Diagnosis of Depression. *Journal of child and family studies, 25*(2), 618–630. https://doi.org/10.1007/s10826-015-0237-0

Statistisches Bundesamt. (2021). *Suizide.* https://www.destatis.de/DE/Themen/Gesellschaft-Umwelt/Gesundheit/Todesursachen/Tabellen/suizide.html#119576

van Geel, M., Vedder, P. & Tanilon, J. (2014). Relationship between peer victimization, cyberbullying, and suicide in children and adolescents: a meta-analysis. *JAMA Pediatrics, 168*(5), 435–442. https://doi.org/10.1001/jamapediatrics.2013.4143

van Meter, A. R., Moreira, A. L. R. & Youngstrom, E. A. (2011). Meta-analysis of epidemiologic studies of pediatric bipolar disorder. *The Journal of Clinical Psychiatry, 72*(9), 1250–1256. https://doi.org/10.4088/JCP.10m06290

Wagner, S., Müller, C., Helmreich, I., Huss, M. & Tadić, A. (2015). A meta-analysis of cognitive functions in children and adolescents with major depressive disorder. *European Child & Adolescent Psychiatry, 24*(1), 5–19. https://doi.org/10.1007/s00787-014-0559-2

Wartberg, L., Kriston, L. & Thomasius, R. (2018). Depressive Symptoms in Adolescents. *Deutsches Arzteblatt international, 115*(33–34), 549–555. https://doi.org/10.3238/arztebl.2018.0549

Weinhardt, M. & Kansteier-Schänzlin, K. (2006). Suizidgefährdete Schülerinnen und Schüler – was tun? *Sicher durch den Schulalltag*(32), 1–15.

WHO (2014). *Verfassung der Weltgesundheitsorganisation. Deutsche Übersetzung.*

WHO (2019). *ICD-11: International classification of diseases.* https://icd.who.int/

Willutzki, U. (2016). *Ressourcenaktivierung in der Psychotherapie.* Hogrefe Verlag.

Ziegler, A., Schober, B., Stoeger, H., Dresel, M., Ziegier, A., Schober, B., Stöger, H., & Dresel, M. (2001). Motivationsförderung im Unterricht. In C. Hanckel, B. Jötten, & K. Seitfried (Hrsg.), *Schule zwischen Realität und Vision* (S. 256–263). Deutscher Psychologen-Verlag.